OHSAMA BUNKO

マーフィー
「1分間」で夢を叶える！

マーフィー"無限の力"研究会

三笠書房

はじめに
望むものが一〇〇%手に入る本

本書は、マーフィー博士が説いた人生の黄金律、成功法則を、コンパクトな文章と的確な図解でわかりやすく解説したものです。この一冊で、マーフィー理論のメカニズム、潜在意識に秘められた驚異的な力とその活用法が、手に取るように理解できるでしょう。

ビジネスの世界のみならず政治、芸術、学問……あらゆる分野において、人々は自分の夢を実現し、成功の甘い果実を手に入れたいという共通の願いを持っています。そんな誰もが抱くヒューマンドリームの実現にあたって、画期的なメソッドを編み出したのが、ジョセフ・マーフィー博士です。

その方法は、ラジオ、テレビ、数多くの著作で紹介され、全米のみならず、全世界から賛同を受け、数多くの信奉者を生み出しました。

科学万能時代に生きるわれわれは、ともすれば理性のみを信じがちです。しかし、ものごとのすべてが、理性によって解決できるほど単純ではありません。とくに人間の心の領域では、このことがはっきりしています。人の心の約八〇％は潜在意識で占められており、理性、つまり顕在意識が占めるのは、残りの二〇％にすぎないからです。この考えを定説化したのは、かの有名な心理学者フロイトです。

マーフィーは、この潜在意識に注目しました。「人の心の大半を占める潜在意識、この潜在意識をコントロールできれば、われわれは計り知れないほどの力を発揮することができる」――そして、イメージングと自己暗示による独自の潜在意識の活用法を編み出したのです。

成功者たちが、仕事の成功と同時に、物心ともに満たされ、最高の人生を手にしている理由は、たった一つに集約されます。それは、自分の願いに率直かつ真剣であること。そして、自分が「こうしたい」「こうありたい」という目標を貪欲に追求し、その強い気持ちを潜在意識にまで浸透させていることです。

大宇宙には無限の力が満ち満ちており、人間は潜在意識を通して、そのエネルギーを自分の内部に流し込むことができます。われわれは自分の考え、願望、アイデアを潜在意識にインプットすることによって、そこから巨大な力を引き出すことができるのです。このメカニズムを理解し、素直に実行すれば、夢、才能、運、お金……あなたが望む通りの結果を引き寄せることができます。

われわれの心は、エネルギーに満ちています。それを妨げるのは、ものごとを否定的、消極的にとらえる、疑心暗鬼という一片の黒雲です。この黒雲を取り払うことで潜在意識は生き生きと働くようになり、あなたの人生は、豊かで、楽しい、幸福に満ちたものに変化します。

本書を読み進めていくうちに、あなたは心がどんどん解放されていくのを実感することでしょう。そして、自信が生まれ、理想の自分に向かって人生を歩むための方法も手にしているはずです。

楽に、無理なく、望むものを一〇〇％手に入れる——そんな奇跡が、あなたのものになるのです。

マーフィー〝無限の力〟研究会

マーフィー「1分間」で夢を叶える！　◇目次◇

編集協力・株式会社全通企画
本文イラスト・石黒あつし

マーフィー「1分間」で夢を叶える!

1 「心の習慣」をちょっと変えるだけでいい

まずはあなたに、一つの問いをしてみます。

「人生を成功に導く〝黄金律〟は何だと思いますか？」

それは自分の願望を真っ直ぐに受けとめ、その実現を心に強く願うこと、そして、そのプロセスで、無限の力を秘めている「潜在意識」を積極的に活用することです。

すべての人には、秘められた無限の力＝潜在意識が備わっています。正しいやり方で、夢や願望を潜在意識にインプットすれば、無限の力がそのイメージの実現に力を貸してくれるのです。

あなたが生まれついた個人的条件や環境はまったく問題ではありません。運命を左右するのは、あなたが抱くイメージや想念、考え方なのです。このことを片時も忘れてはなりません。そうすれば、あなたの夢、願望は確実に現実のものとなるのです。

これがマーフィー博士が説く、人生を成功に導くゴールデンルール（黄金律）です。

あなたの人生は、あなたが抱くイメージや想念、考え方が反映したものだということを知る——すべてはここからスタートです。

マーフィー理論の基本メカニズム

マーフィーの言葉

夢や願望が潜在意識と一致し、調和すると、あなたの中に無限の力が現われます。

2 あなたの人生を好転させる「引き寄せの法則」

二〇世紀から二一世紀にかけて、潜在意識や精神、魂などに関してさまざまな真実が見直されています。そこで何より重要なのは、人間の内面を支配しているのは、自分自身だということです。

あなたは愛や知性、エネルギーを持った存在です。そしてあなたは自らの力で、自分の性格、環境、運命といったものを創り出しているのです。もし、あなたの現在の境遇がひどい状態にあるならば、それは自分が招いた結果であることを知らなくてはなりません。自らの弱さとか怠惰によって、人生の手入れを怠ったのです。

環境とか置かれた状況には、その人の内面が表われるものです。人は環境に動かされるのではなく、環境が人に動かされるのです。

正しい思いや正しい行動は決して悪い結果を生みません。逆に、悪い思いや悪い行動は決して良い結果を生みません。私たちの魂や潜在意識は、人生という磁場でさまざまな状況を引き寄せます。こんな単純な法則を理解したとき、あなたは幸福と成功に向かって進み始めるのです。

人生は自分が思い描いた通りになる

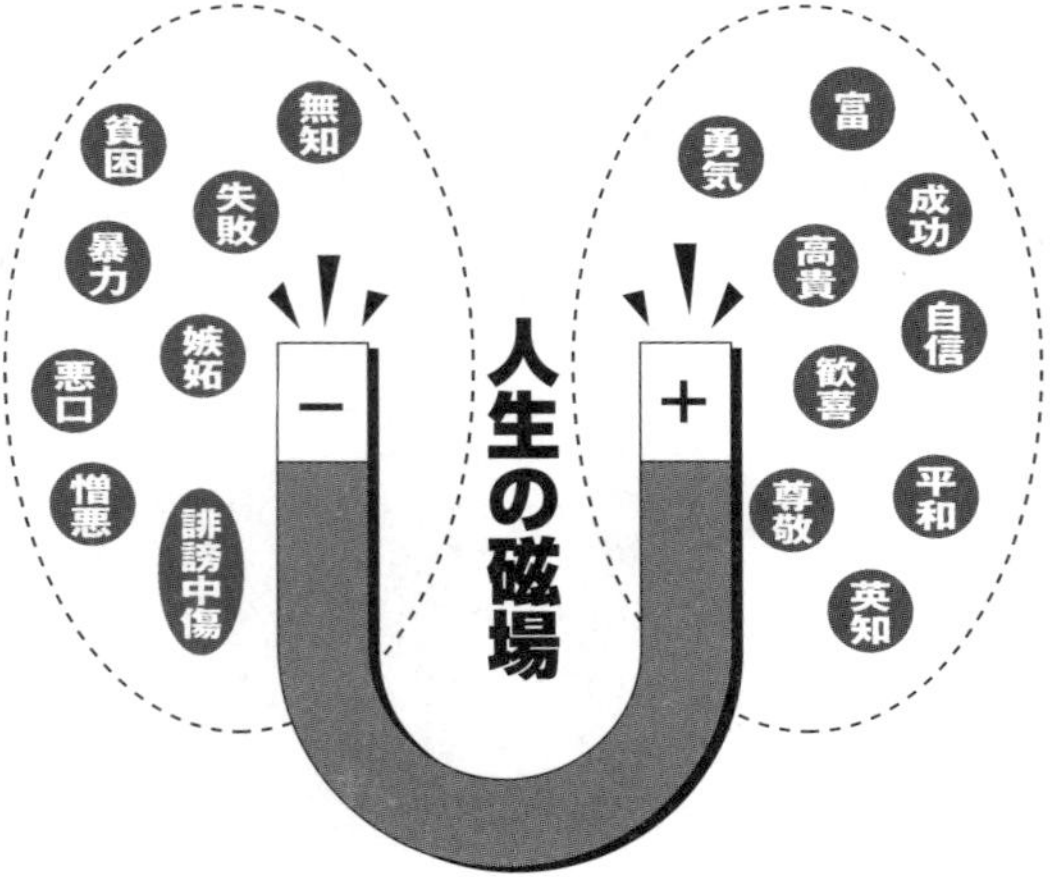

良いことを思えば良い方向へ
悪いことを思えば悪い方向へ

マーフィーの言葉

「歓喜、成功、富、英知」これを口ぐせにし、心の中に書きとめなさい。

3 潜在意識のパワーを自分のものにする

人間の心は、大きく分けて「表層意識」と「潜在意識」の二つから成り立っています。ものごとを考えたり知覚したりするのが表層意識（顕在意識）。意識化できないのが潜在意識です。

二〇世紀の初めに心理学者フロイトが潜在意識を大きく取り上げ、人間の心の八〇％は潜在意識によって占められていると発表しました。

潜在意識は心の大半を占めている、にもかかわらずこの領域の研究は始まったばかり。ここにマーフィー理論の可能性があるといえます。

さらに人間の心は、潜在意識を媒介として広大な「共通の潜在意識」につながっている、と考えたのは、フロイトの後、間もなく出てきたユングです。

ユングはこれを「集合的な無意識」と名づけました。人間一人ひとりは潜在意識によって広大無辺な大海につながっているといいます。この潜在意識をコントロールできれば、はかり知れない力を引き出すことができる――これがマーフィー博士が潜在意識の秘めた力を説く最大の論拠です。

「潜在意識」に秘められた驚異の力

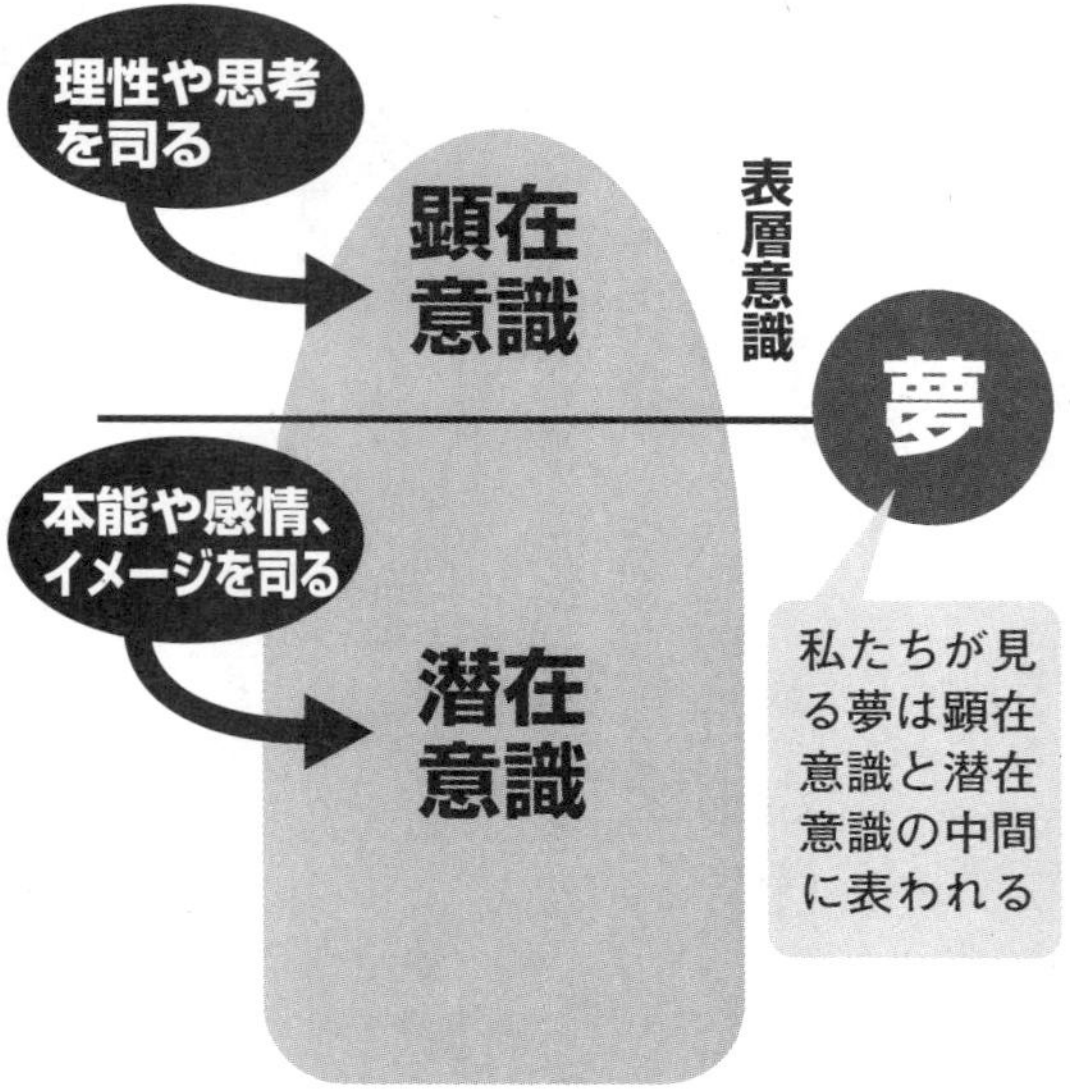

人の心の80%は「潜在意識」で占められている

マーフィーの言葉

あなたの精神的な態度が原因をつくり、あなたが体験することはその結果です。

4 今日、「ネガティブ思考」を捨てましょう

さあ、今日からは誤った信念、意見、考えとは訣別することです。

いわゆる五感の犠牲になって、あなたの外的存在である状況や環境に支配されてはいけません。あなたは自分の心構えを変えることによって、外的な状況をも変えられるのです。外的状況を支配するのは、あなたなのです。

人間は長い間、自分の外部にあるものばかりに注目し、外的な状況の変化に一喜一憂してきました。環境や条件が変わるたびに、恨んだり、ねたんだり、恐がったり、後悔したり、失望したりしてきたのです。

しかし誰でも人間は創造的な考えや積極的な考えを持っています。考え方次第で幸福にも不幸にもなることができるのです。まずは自分の生き方が外部の力によって左右されるなどという誤った先入観を捨てることです。

そして自分の心の動きをいつも監視していて、憎悪、恐怖、絶望、貧困といった否定的、消極的な考えに支配されないようにするのです。自分の心の中に、どんな考えを持っているかによって、良いことも悪いことも起こってくるのです。

心の習慣を変えれば全てが変わる

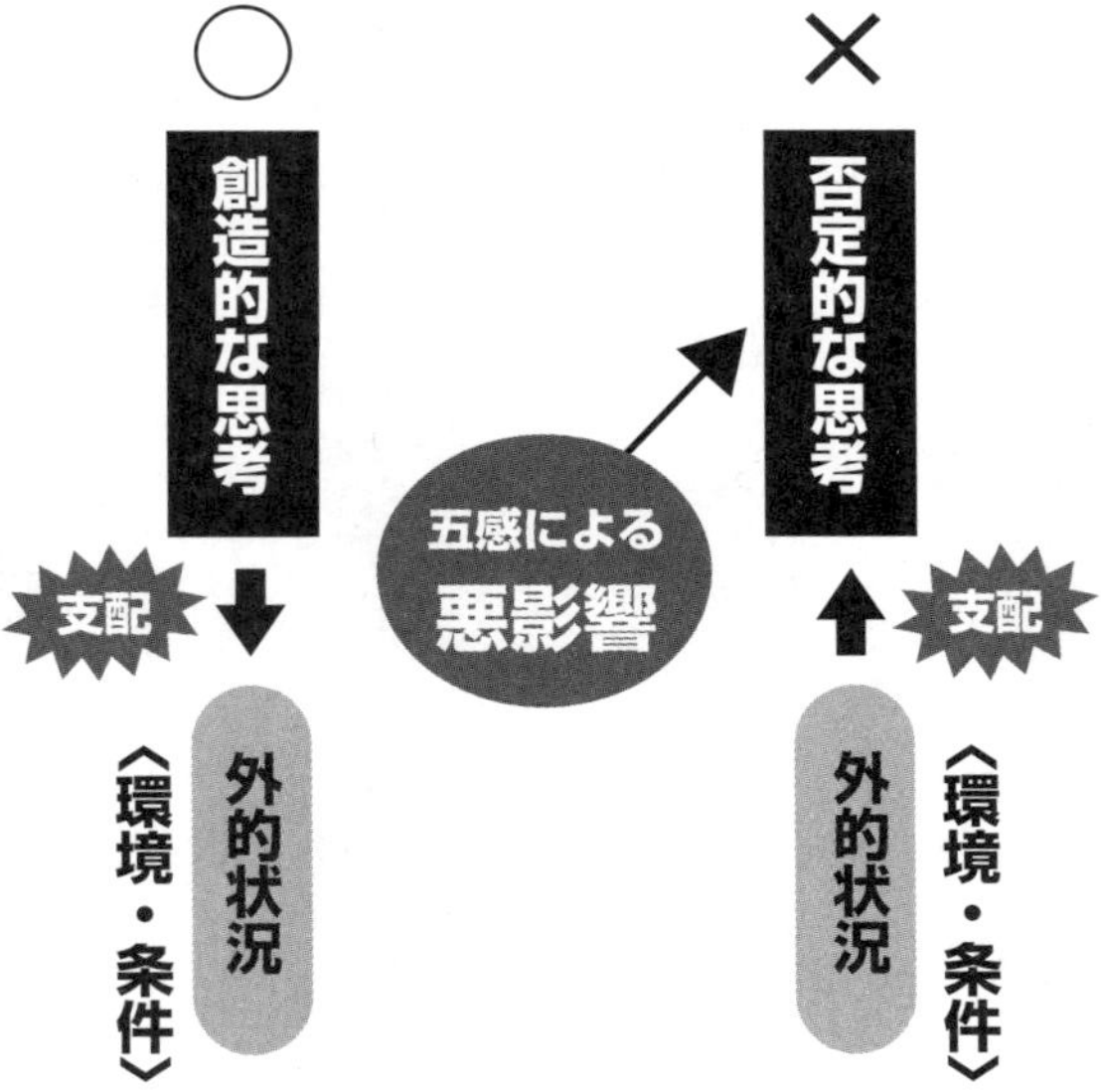

マーフィーの言葉

五感を通してやってくる否定的で、消極的な印象はすべて改造可能です。

5 人生に成功の種をまく一番効果的な方法

人間には「顕在意識（表層意識）」と「潜在意識」の二つがあるといいました。

顕在意識は知性や頭脳が関係する、知覚できる意識のことで、潜在意識は知覚できません。にもかかわらず、潜在意識は、肉体の無意識の働きである呼吸、消化、循環、排泄などの作用を自動的につかさどっており、さらには食物を組織や筋肉、骨や毛髪などに変え、新しい組織構造をたえずつくり出しているのです。

心の持ち方が、人間の健康と深くかかわっているのはそのためです。

顕在意識は五感を通じて外界を認識します。人間は顕在意識によって、選び、計画し、決断し、行動します。したがって、あなたの願望や夢をイメージし、心に絵を描くためには視覚や聴覚など、顕在意識の働きを必要とします。

つまりあなたは、自分の願望を顕在意識に集中することを通して、効果的に願望を潜在意識に沈み込ませることができます。

そして、潜在意識に刻印された願望は無限の力によって新しいアイデア、発明や発見として現実化されていくのです。

潜在意識に夢、願望を焼きつける効果

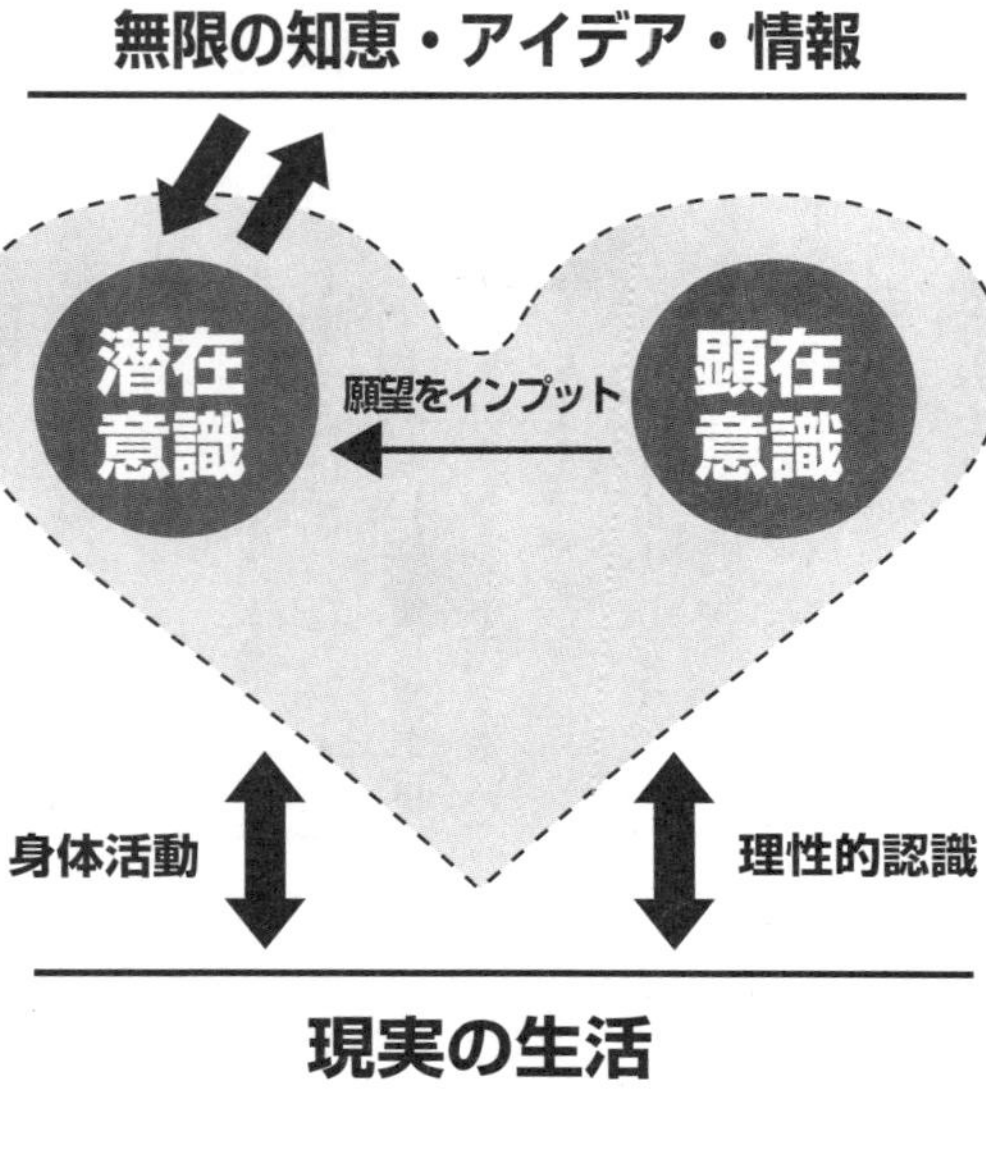

マーフィーの言葉

いつでも必ず答えがあるのだということを思い出してください。潜在意識は思いもよらない形で答えてきます。

6 より具体的な目標を、より鮮明なイメージで！

潜在意識の驚異的な力を活用するためには、目標を明確にし、それが達成された状態をイメージすることがポイントです。

お金儲けが目的なら、漠然と「お金持ちになりたい」と思うのではなく、「〇〇万円が必要」と具体的な金額を明らかにすることです。「〇〇をしたいから、〇〇円が必要なのだ」と、目的とテーマを同時に明確にすれば、もっとよいでしょう。

「成功する人は、すでに成功のビジョンを脳内で描いている」のです。たとえば、突然思わぬ昇進の辞令が下りたとします。昇進のシミュレーションができていない人は、せっかくのチャンスをあだにすることもあります。突然の昇進による責任の重さと準備不足が負担となり、実力を存分に発揮できないからです。

富や成功を獲得したいなら、その内容を具体的に思い描くことが重要なのです。スポーツカーを買うのに五〇〇万円欲しい。二年以内に〇〇の開発主任になりたいなど、願望を具体化し、それが達成された状態を描くのです。「成功は脳内で築かれる」の真意がここにあるのです。

潜在意識の力を最大限に引き出す法

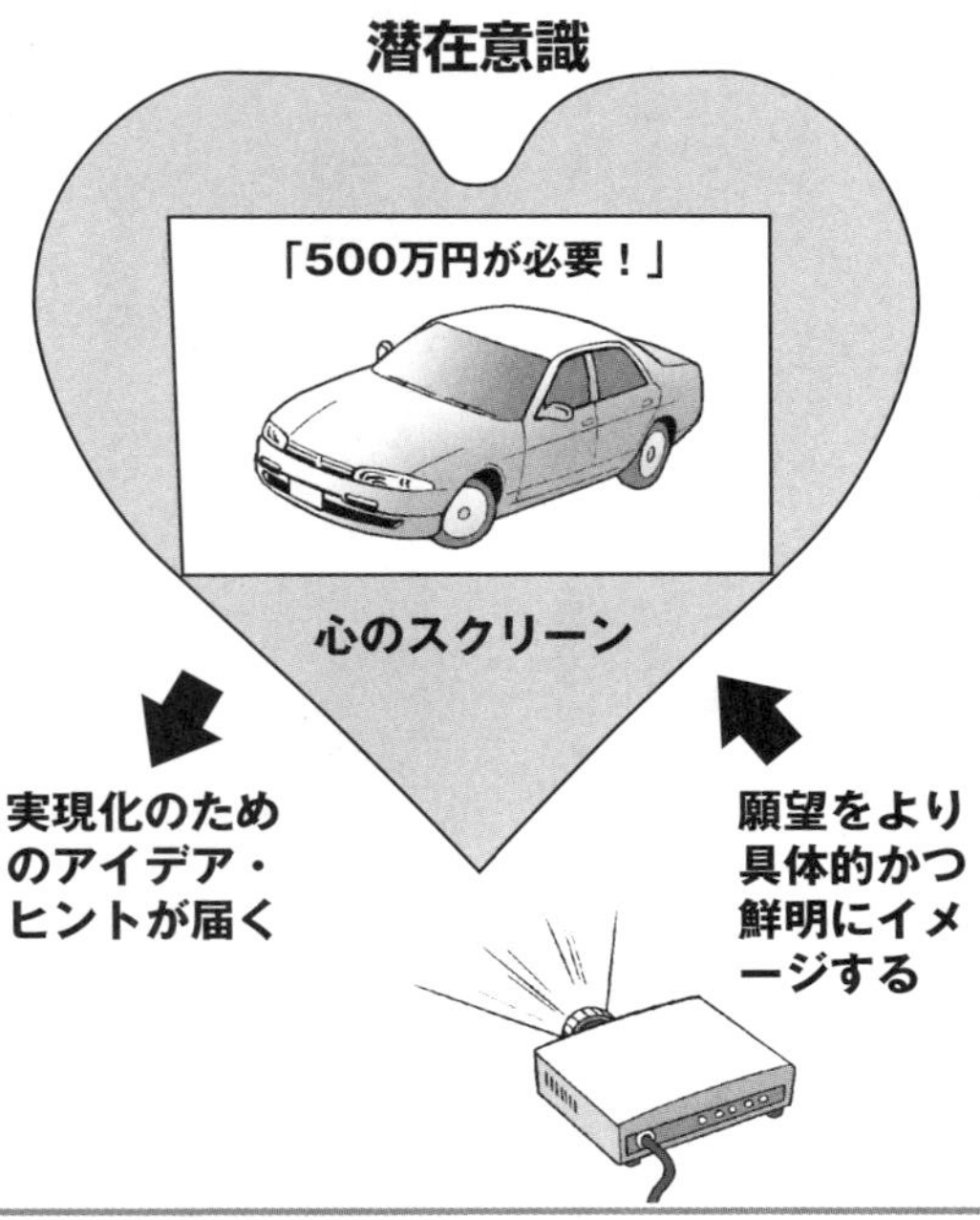

マーフィーの言葉

心に願望の映像を映し、その完成を想像しなさい。あなたの潜在意識がそれを実現します。

7 「正しい願い方」、知っている？

潜在意識には無限のエネルギー、可能性を秘めた働きがあります。そして、私たちは潜在意識に実現したい目的やイメージを刻み込むことによって、それを現実に変えることが可能です。

しかし、それには一つのルールが存在することを忘れてはいけません。そのルールとは、**潜在意識に願望を刻み込むのは、積極的な考えができるあなたでなければならない**ということです。

潜在意識を高性能な、無限な容量を持つ双方向の情報伝達装置と考えるとします。この超高性能な情報装置を、あなたの分身である二人の人物が操作していると想像してください。この二人の人物は、まったく対極的な性格の持ち主で、一人はものごとを肯定的に考える積極人間。もう一人は、つねに悲観的に考える消極人間とします。

人生の勝ち組になるには、この無限装置を積極人間にコントロールしてもらう必要があるということです。ポジティブな信号を送れば、ポジティブな反応が返ってきます。この大原則をつねにしっかり持つことが大切です。

潜在意識にポジティブな信号を送れ

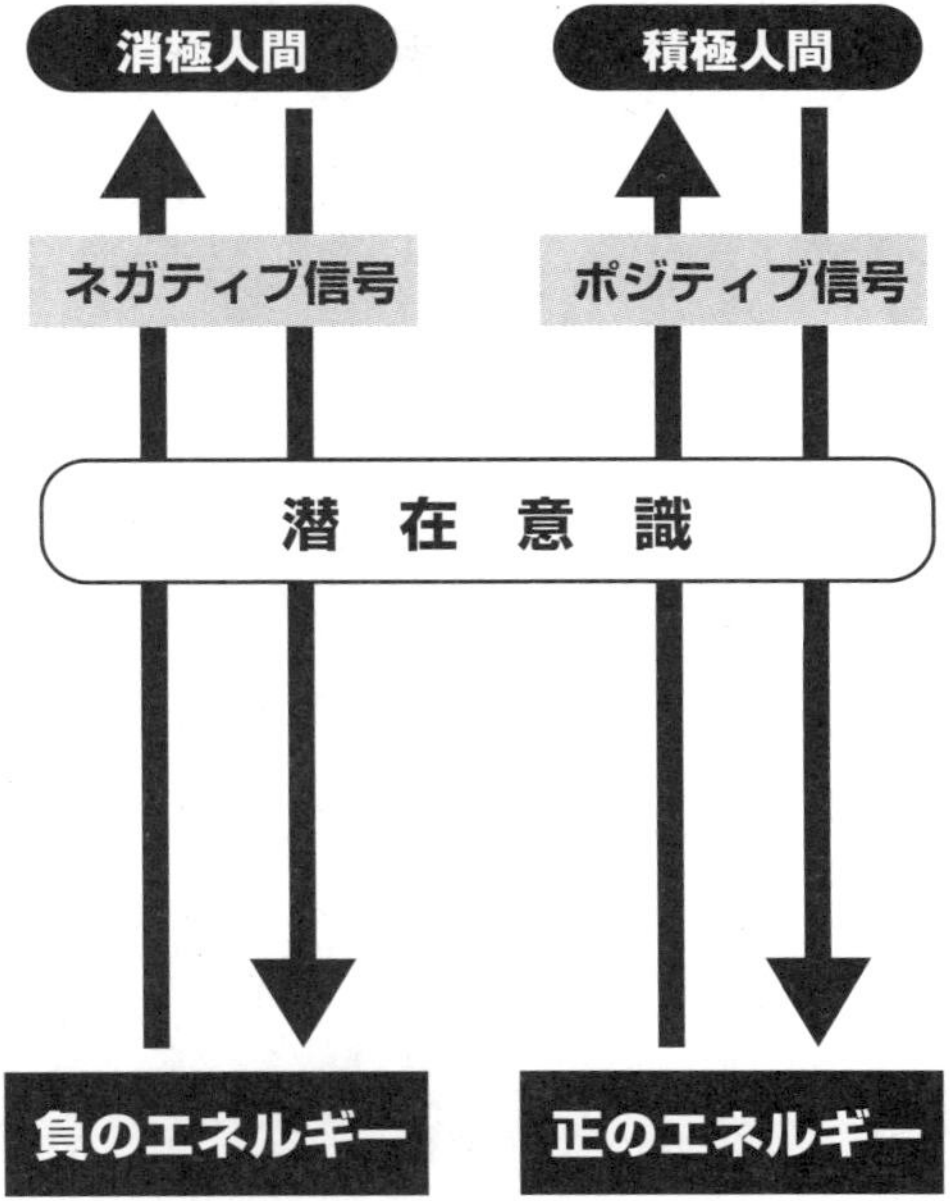

マーフィーの言葉

心に２つの相反する考えを持っている人は落ち着きません。

8 インド哲学が証明する〝無限の力〟

あなたは「八識論」という説をご存知でしょうか。五世紀ごろ、インドの哲学・心理学・仏教学者であるセシン（世親）という人が説いた思想です。潜在意識のメカニズムを理解するのにぴったりなので、ここで紹介したいと思います。

彼によれば八識のうち五識が、五感（視覚・聴覚・嗅覚・味覚・触覚）であり、第六識が理性です。つまり六識がいわゆる感じたり思ったりする心の総和のことで、意識をしている心です。

第七識は、「マナ識」と呼ばれる〝個人の潜在意識〟を指しています。これは本能とか習慣の心、情格など意識化されずに隠れている心のこと。

第八識が「アラヤ識」と呼ばれる、全宇宙にあまねく遍在している〝広大無辺の意識〟のことで、先にも述べたユングのいう「集合的無意識」です。

個人のみならず、人類共通の広大無辺な意識にまで発展する神秘性を内包する潜在意識――これを信じず、活用せず、ただ理性や顕在意識に頼っていることは愚かな行為なのです。

無限の力を秘めた「アラヤ識」とは？

五識（五感）	1．視覚 2．聴覚 3．嗅覚 4．味覚 5．触覚
第六識	理性（心の総和）
第七識	マナ識（個人の潜在意識）
	＝
第八識	アラヤ識（集合的無意識）

個人の心は人類共通の広大無辺な意識につながっている

マーフィーの言葉

心の中を豊かな考え、心象、気持ちで満たすことが富にいたる第一歩です。

9 「直観」には、不思議な力がある！

願望を実現するための重要なポイントは、私たちは「潜在意識を活用することによって、小さな狭い個人のレベルから広大無辺な宇宙のレベルへ心のチャンネルを切り換えることができる」ということなのです。

この真理にはっきり気づくことは、人生必勝の知恵といってよいでしょう。

前項で、インド哲学「八識論」の「アラヤ識」は個人の潜在意識である「マナ識」とは異なった次元の意識であると述べました。

アラヤ識は個人の潜在意識というより、宇宙の心、宇宙の意識と呼ぶべきもので、ここには、過去、現在、未来のあらゆる情報が大量に蓄えられており、いわゆる、広大無辺、無限の力が備わっているのです。

俗に「直観」や「虫が知らせる」などという心の動きがあります。なぜか相手のいうことが事前に理解できたとか、なにか不吉な予感がしたら知人に不幸が起こったとか、そんな経験をしたことのある人も多いでしょう。これなどは、お互いの心が共通の潜在意識で結ばれていることの一つの証明と考えてよいでしょう。

直観には、神秘のパワーがある

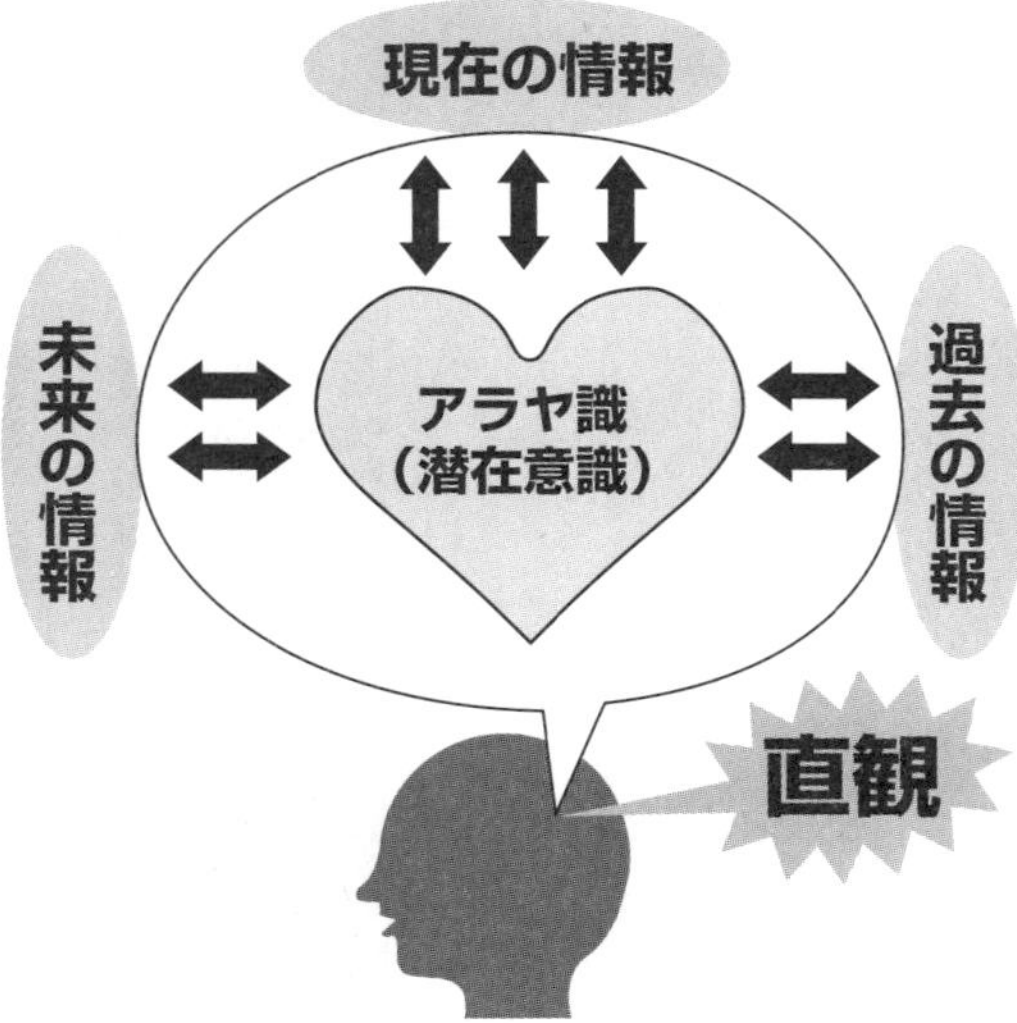

潜在意識には、宇宙のあらゆる情報が遍在している

マーフィーの言葉

直観に従いなさい。ポップコーンがポンと飛び出すように、答えは自然にあなたの意識の上に表われてきます。

10 「科学は万能」ではありません。

私たちは、科学的に証明された事象以外は、なかなか信じない傾向があります。「見えない、聴こえない、味わえない、匂わない、触れられない」といった、つまり自分自身の五感で察知できない存在は信じ難いというわけです。

そんなあなたに尋ねましょう。「あなたは自分の心を見ることができますか?」「人を信じる気持ちを見せることができますか?」「あなたに助けを求める声を聴くことができますか?」「恋人に感じるような、愛情を味わうことができますか?」

誰が考えても無理でしょう。よく考えてもらいたいのは、ここです。一般に科学的な根拠があると思われている〝常識〟も、実は万能万全ではないのです。人類には科学的手法だけでは解明しきれない、未知の領域がまだまだ存在するのですから。

この事実をしっかり認識することです。

科学的な考えを身につけながら、それ以外の領域にも思いを馳《は》せ、自分の潜在意識を高める努力が重要なのです。

世の中の常識、自分の常識を疑え

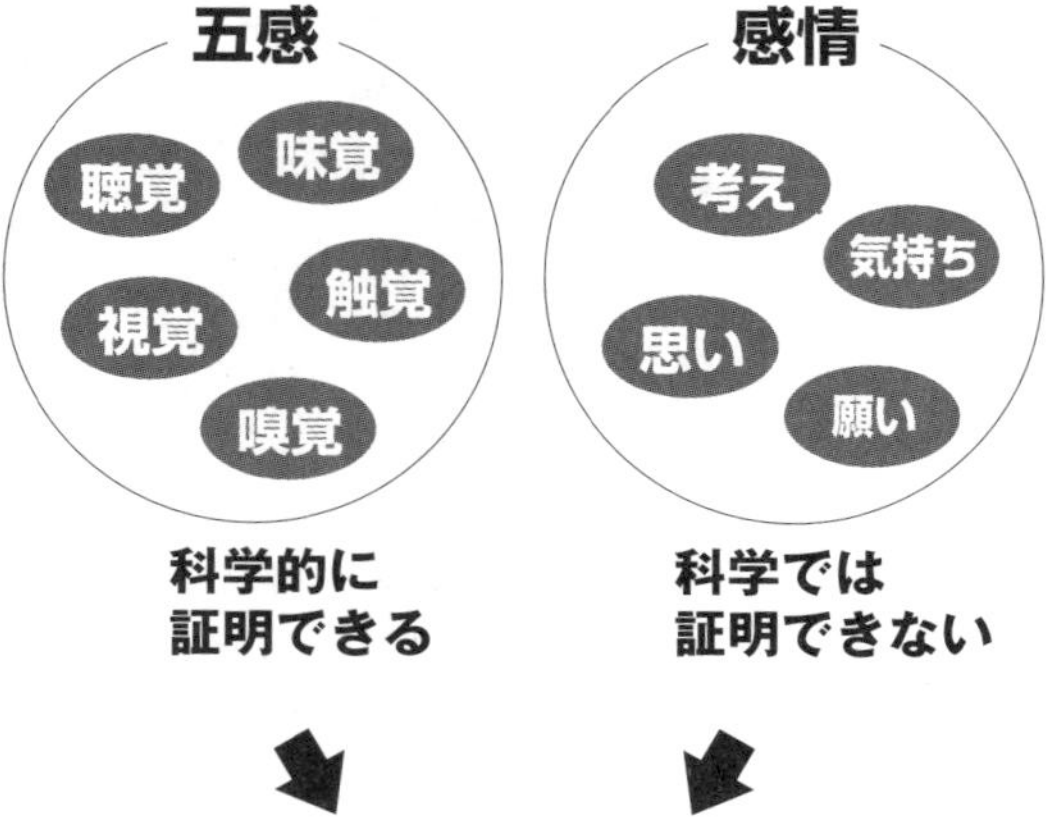

「科学は万能」の錯覚を捨てれば、
今まで見えなかったものが見えてくる

マーフィーの言葉

立派で、高貴で、神的であることを心に描き、それを感じなさい。宇宙の富があなたに引き寄せられるでしょう。

11 この「四つの考え方」が幸運を引き寄せる！

この世では、成功して金持ちになる人、失敗して貧乏にあえぐ人に大きく分かれます。なぜでしょう。ほとんどの場合、心の問題や心の病に原因があります。

たとえば体に異常を感じたなら、すぐに薬を飲んだり、医者の診断を受けたりします。ところが心の場合は、そのまま放っておく人が多いのです。これでは心の病は治りません。では放置しておくと危険な心の病とは、どんな症状を指すのでしょう。それこそが、「無理だ！」「できない！」と否定的に考えてしまう心の状態です。行動を起こす前から、否定的な予測を口にし、悲観的なイメージで心をいっぱいにしてしまうことです。幸運の女神、成功の軍神《マルス》が近づいてこなくても自業自得ではないでしょうか。

幸運の女神を呼び寄せるには、まず心の病を治すことです。何がなんでも、あなたの心の中を、富、繁栄、拡大、発展という考えで満たすのです。一日に何十回も肯定的な考えを心に注ぎ込めば、必ず潜在意識が働き始めます。きっと女神はあなたに近づいてきてくれることでしょう。

否定的なイメージが成功を遠ざける

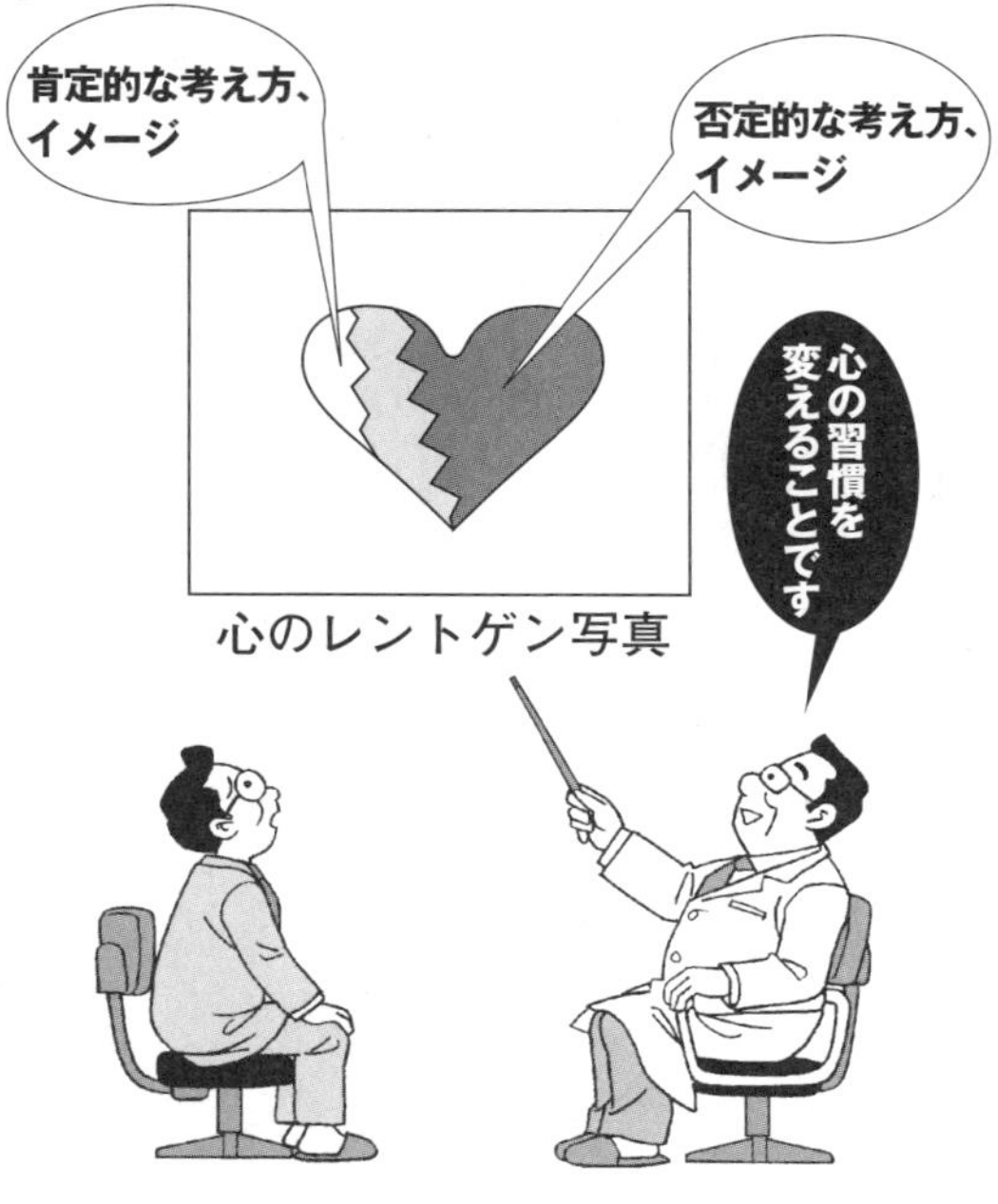

マーフィーの言葉

「考え」は目に見えない非物質的な力ですが、それを用いて資本をつくることができます。

12 心がパッと明るくなる「自問自答」法

「自問自答する」という表現があります。

これは心の中で、自分自身に質問をし、自分で答えるといったほどの意味合いです。このことにより、私たちの内面には、複数の人格が存在し、いろいろ問答を行なっていることが理解できるでしょう。

その代表的な人格こそがいわゆる「積極人間」と「消極人間」です。この二人はことあるごとに心の舞台に登場し、主導権争いを演じているのです。

そして消極人間が登場すると、舞台はたちまち暗転します。「俺なんか駄目人間だから……」「私にはとても無理」「そんな努力したって、何の効果もありはしない」などと無意識に絶望的なセリフをまき散らし、勝手に頭を抱えてしまうからです。

これに対し、**意識的に肯定的な言葉を使うことで積極人間を登場させると、心の中には一瞬にして華やかなライトが当たり、困難に立ち向かう気迫が生まれます。**

このように心の舞台では、いつも二人のドラマが演じられていますが、人生がうまくいく人の舞台には積極人間の登場回数の多いことが必須条件といえるでしょう。

ポジティブな言葉を意識的に使う効果

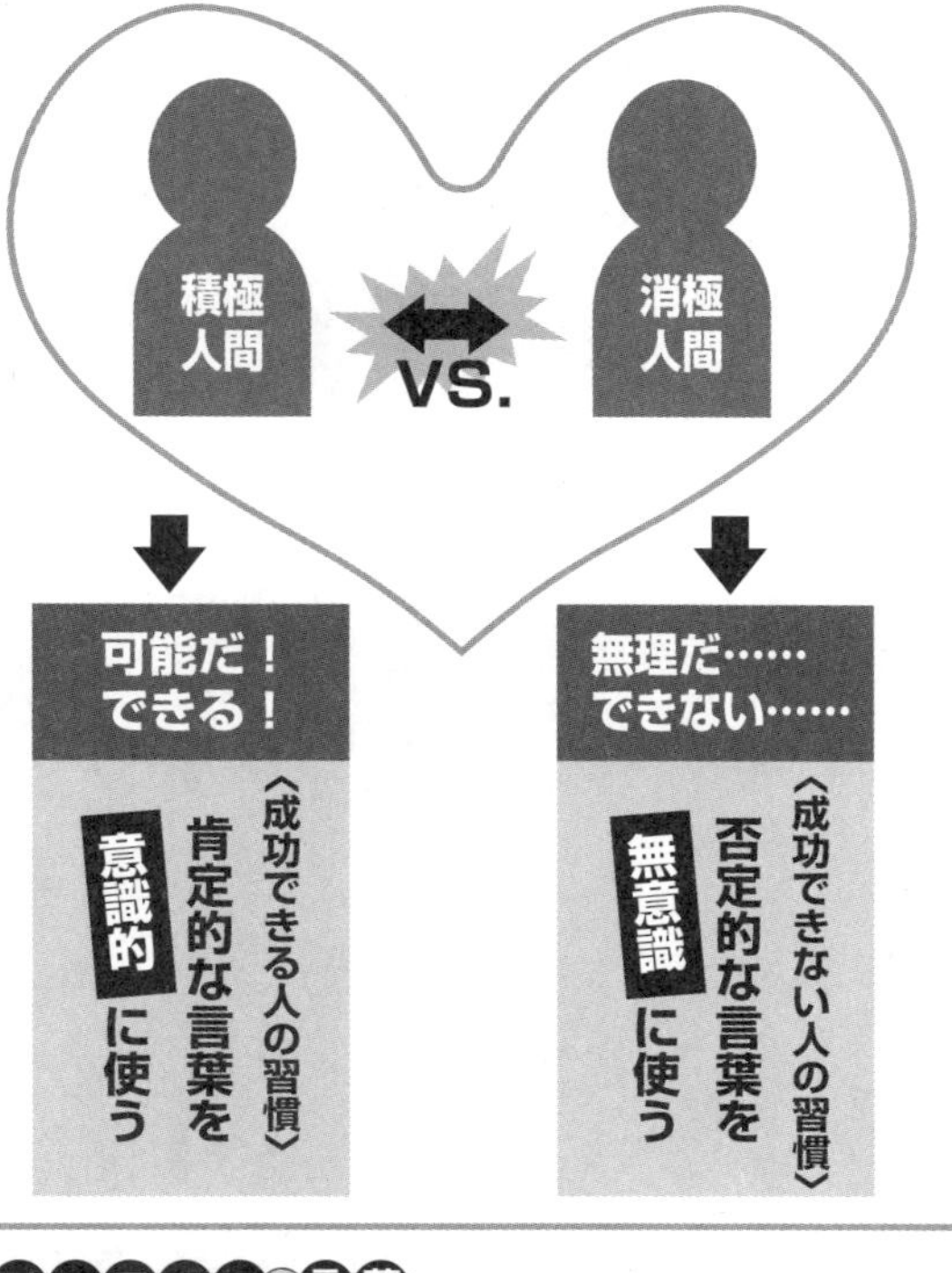

マーフィーの言葉

多くの人びとは、自分が肯定したものを無意識のうちに打ち消しています。

13 マイナス思考を瞬時に追い出すこの一言

私たちがよくする勘違いがあります。ポジティブ人間は、生まれつき積極的な思考回路が形成されていて、消極性は存在していないのでは、という考えです。はっきりいっておきます。これは間違いです。積極思考をことさら強調することは、当然、消極思考も存在することを認めていることなのですから。

誰にとっても、最大の敵は心に忍び込んでくる消極思考。だからポジティブ人間は**つねに用心深く、マイナス思考が侵入してくるのを防ぎ、心の外へ追放している**のです。否定的な考えが現われたなら、すぐさま「いや、できる」とポジティブな想念へスイッチをチェンジするのです。

ポジティブ・シンキングの強化をはかるには、毎朝五分か一〇分の時間をつくり、目的が達成された状態を潜在意識に刻印することです。そして週に一度は、積極的な内容の本などを読み、生き生きとした心を養うのです。

毎日、毎週、このような時間をつくり、それを習慣化していけば、やがて大きな成果に恵まれることは間違いありません。

マイナス思考をどう追放するか？

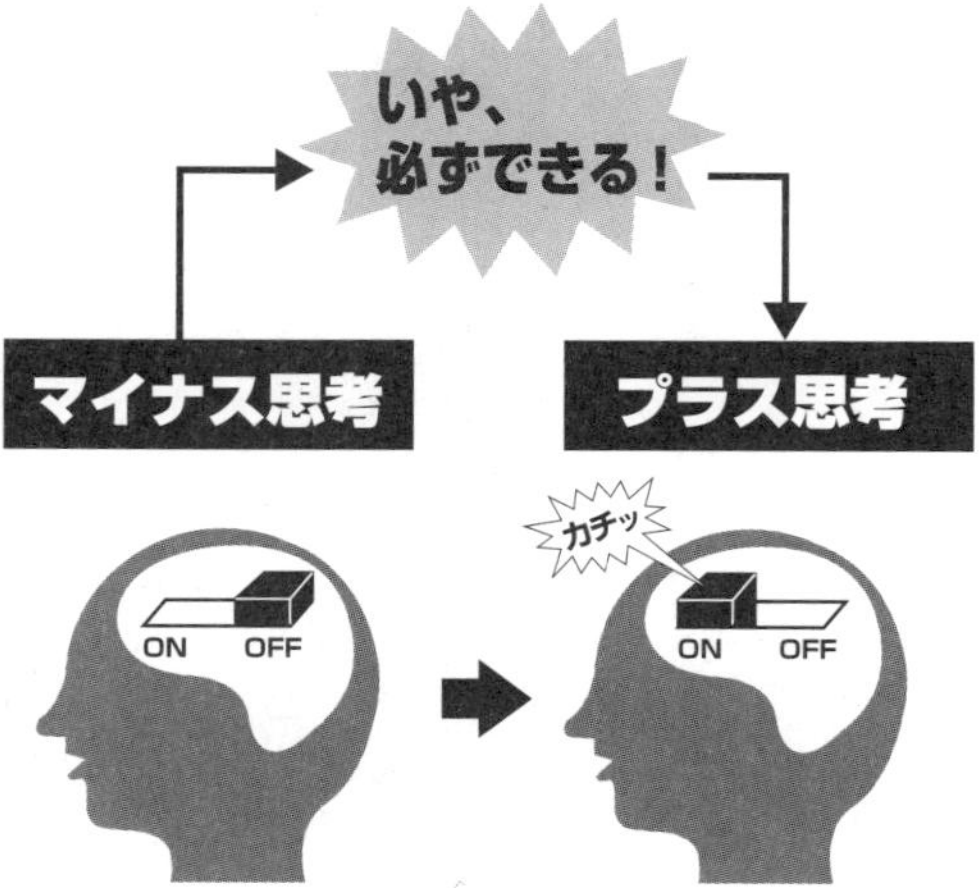

否定的な考えが浮かんだら、すぐに「いや、できる！」といおう

マーフィーの言葉

人は毎日考えていることによって、今ここに天国か地獄かをつくり出します。

14 「成功している自分」を常にイメージする

人間なら誰でも幸福になりたい、成功したい、という夢や願望があります。その反面、「どうせ願っても、なれるわけがないよな」とあきらめてしまっている人も多いでしょう。

しかし、そんな人に尋ねます。あなたは本当に成功するための道筋や、こんな人生を送りたいという明確なイメージを持っていますか、と。そうした目的意識がはっきりしていないのに、それが手に入らないと嘆くのは早すぎるというもの。地図を持たずに宝探しに出かけるのと同じです。途中で道に迷うのは自然の成りゆきでしょう。

成功への道を歩むためには、なんとしても目的意識をはっきりさせなければいけません。「自分はこういうことをして成功するのだ」という強い自己イメージを持つことが前提になるのです。

自己イメージは、いってみれば自分に対する思い込みです。思い込みは具体的で、鮮明で、強烈であるほど効果が上がります。

成功するためには、「自己イメージの構築」に専念することが大切です。

「なりたい自分」を徹底追求せよ

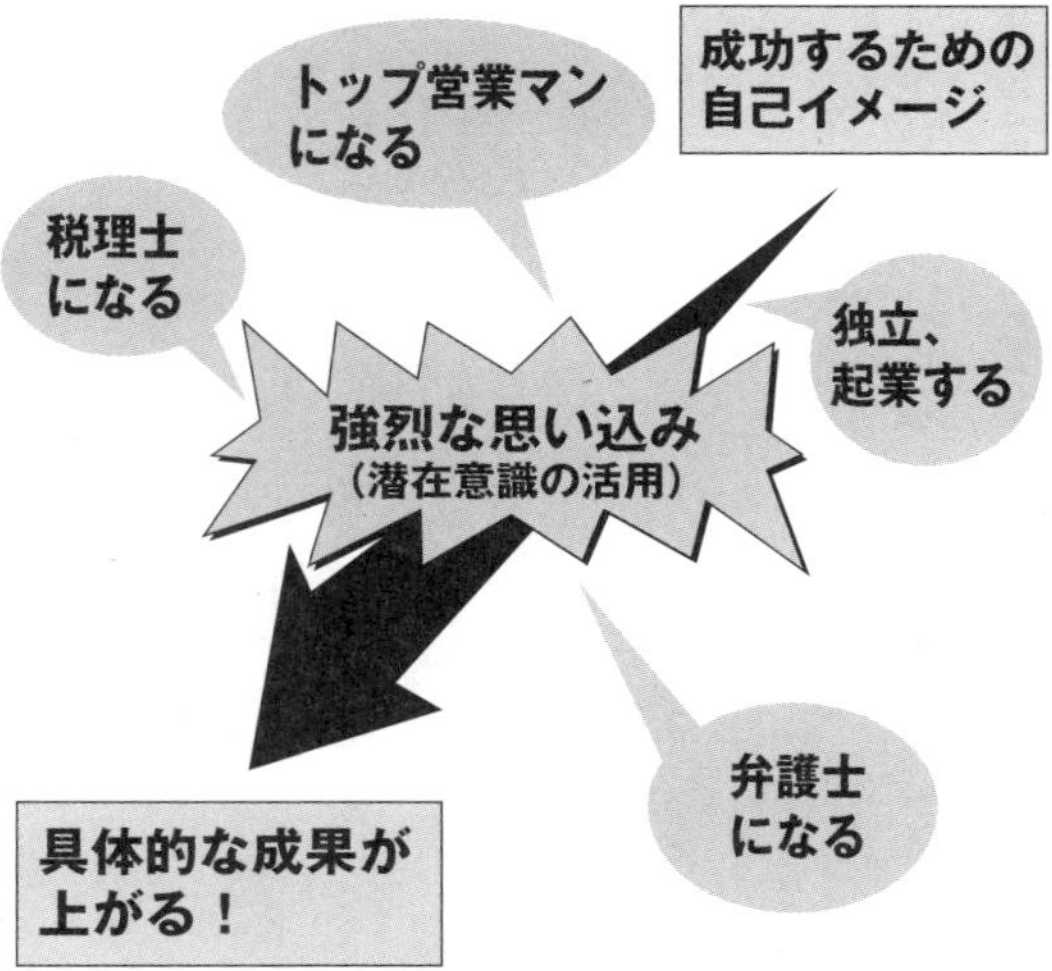

マーフィーの言葉

あなたの心のなかの想像画は、あなたの生活のなかに実現されます。

15 「できない！」を引っ繰り返す一番いい方法

人は誰でも幸福になり、勝ち組に入る権利を持っています。ではなぜ、この世は勝ち組、負け組の人に分かれるのでしょう。

テレビや雑誌などで、三十代で何十億、何百億というお金を一夜にして動かして話題になる人がいますが、彼らは決して場当たり的に行動しているのではありません。まず、「いい加減な考え」のところにお金が集まりません。今、携わっている仕事が何とどうつながり、何年後にはどのくらいの巨額の利益を生み出すのかという分析と計算に基づき、決断し行動しているのです。

他の人には「できそうもない」ことを「できる」ことに切り換える能力があるのです。これが運・不運を分けています。

もしあなたが、現在の不運を嘆いているならば、いますぐ、心のチャンネルを切り換えることです。失敗を恐れて何もしないよりも、熱情を持ってトライするほうが、道は開けるものなのです。あれこれと思い悩むことなく、一つのことに集中し、熱中することです。そのすべてが成功への一里塚となるのです。

一点集中で仕事、人生の壁を突破する

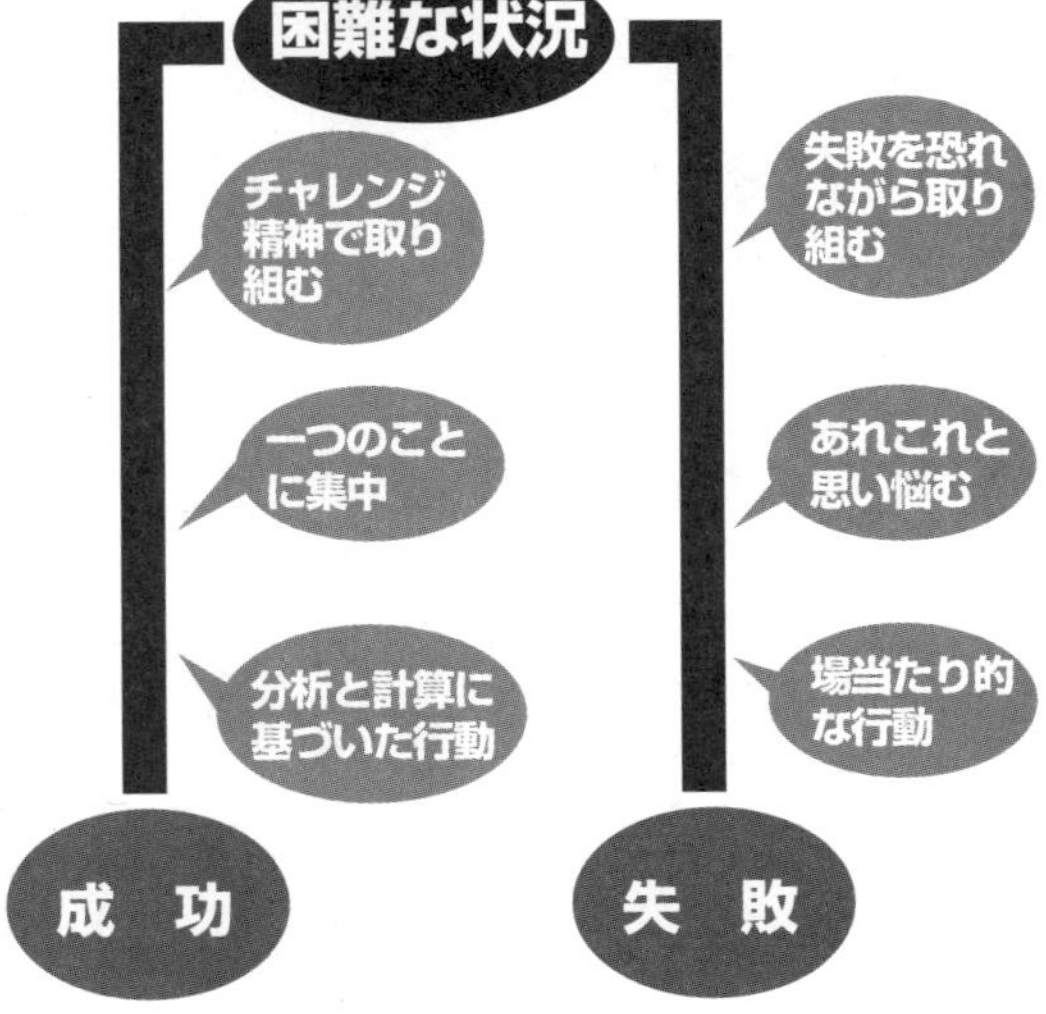

マーフィーの言葉

人生は考え方次第で、明るくも暗くもなります。その選択権はあなたにあるのです。

16 寝る前一分、この「魔法の言葉」を口ぐせに

この地球の底には金・銀、プラチナ、石油、ダイヤモンドなどはかり知れない富が埋蔵されています。しかし、それ以上に尊いものが、そんな地中の財宝を見つけ出して加工し、分配することを可能にする〝知性〟です。

そんな無限の可能性を秘めた知性と限りない力があなたの中に眠っているのです。具体的にいえば、あなたが意識していない心の底に眠っている潜在意識です。

ここで最もシンプルで、効果的なマーフィー博士の言葉を掲げてみましょう。

眠りにつく前に、ゆったりとした気持ちになって、あなたは自分自身に次のようにいい聞かせればよいのです。

「私は今、自分の中を精神的に掘り下げ、すばらしいアイデアを引き出そうとしている。私は自分の中に今まで引き出したことのない内的な資源、力、才能、能力が眠っているのを知っている。その宝庫を意識的に掘り下げるにしたがい、無限の英知が私にそれらを明示してくれる」

とにかく、眠りにつく前にこれを実行し、あなたの内にある宝庫に気づくことです。

無限の英知があなたの中に眠っている

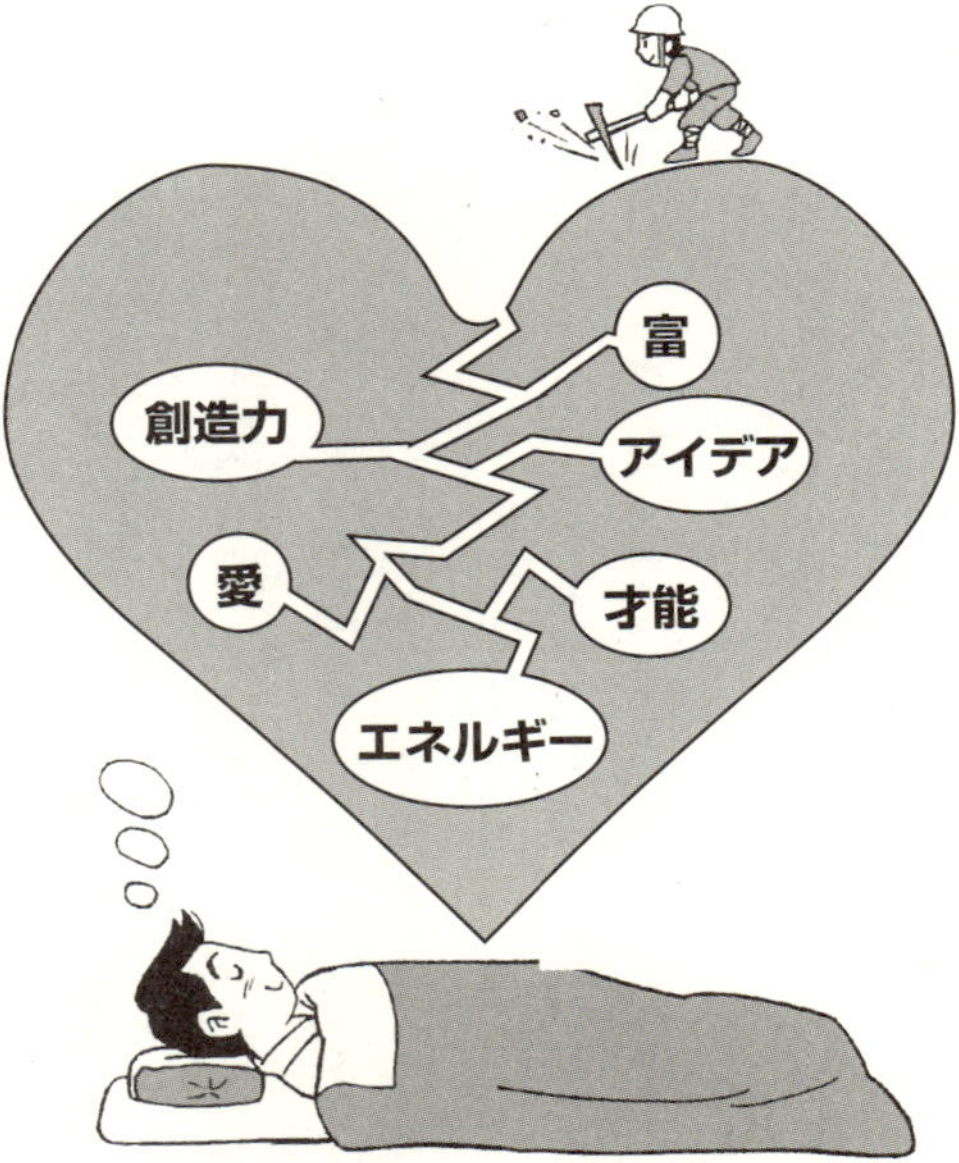

眠りにつく前に、心の中を掘り下げる習慣をつける

マーフィーの言葉

潜在意識に願いを刻みつける最良のときは、眠りにつく前です。

17 あなたにも間違いなく「超能力」がある！

あなたの中には、超能力があるといったら、多くの人はそんなバカな、と思うことでしょう。しかし、あなたの中には、霊感＝インスピレーションがあるといったらどうでしょう。多くの人は実生活の中で、インスピレーションが働く機会を経験したことがあると答えるのではないでしょうか。

霊感＝インスピレーションは、私たちの意識が潜在意識と交感するときに生まれますが、この無限の力との触れ合いは、正しいテクニックとプロセスに従い、誰もが無意識に呼吸している空気と同じように手に入れることができるのです。

たとえば、多くの科学者や芸術家が、日ごろどうしても解決できなかった難問を入浴中などにふとしたインスピレーションによって解決したというエピソードは枚挙にいとまがありません。**あなたにも、強くインスピレーションが働く場所、時間、状態があるはずです。あなたの中には、間違いなく超能力があるといえるのです。**それを見つけることは、あなたの精神あるいは魂が無限の力を秘めた潜在意識と交信をし、望んでいた解答を得ることです。

あなたの中の「天才」を目覚めさせよ

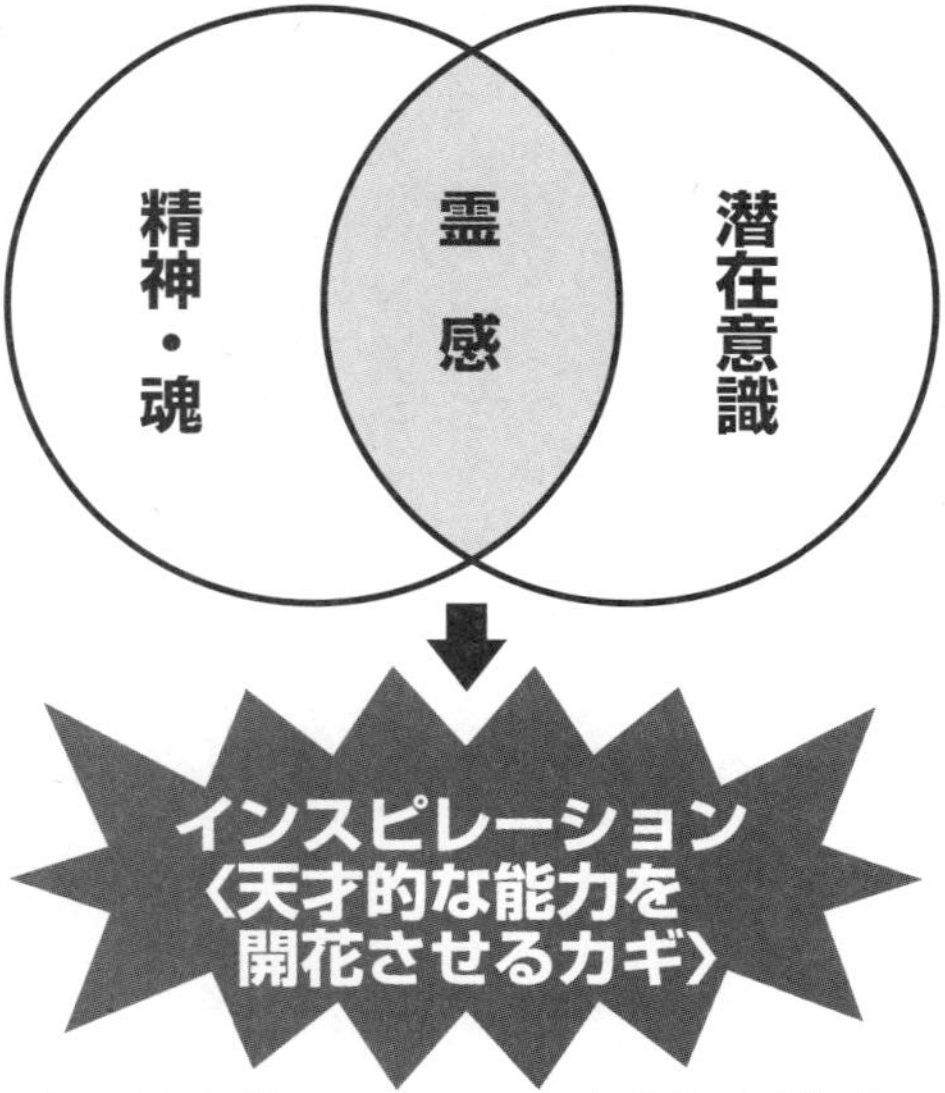

インスピレーションが強く働く
場所、時間、状態は人それぞれ

マーフィーの言葉

潜在意識の知性と一致し、調和すれば、あなたの中に天才が現われます。

18 「ユーモア」が心を大きくする

私たち人間は、まるで聖人君子のように非常に高貴で崇高な行ないをするかと思えば、考えられないくらいバカでマヌケな行ないもするものです。真面目で知性的である反面、愚かさや醜さなど、多くの矛盾を抱えて毎日を生きている生物です。

こうした精神の落差やギャップのために、ともするとストレスが生じてつぶされそうになります。それは多分に仕事上でいうなら「こうしなければならない」とか「こうでなければ完璧とはいえない」というように自分で自分をがんじがらめにしていることにもあります。「先生といわれるほどの馬鹿じゃなし」という言葉がありますが、ここの「先生」をほかの言葉、「課長」とか「部長」とかに置き換えてみると、スッキリすることがあります。

だから**人間は人間が本来的に持つ愚かさ、醜さ、欠点を「積極的な精神」で肯定的に受け止めることが大切なのです。**

それができて初めて「ああ、ユーモアを持って明るく生きるということは、こんなにも広々とした気持ちになれることだったのか」と心底思えるようになるのです。

ユーモアと精神力は一心同体

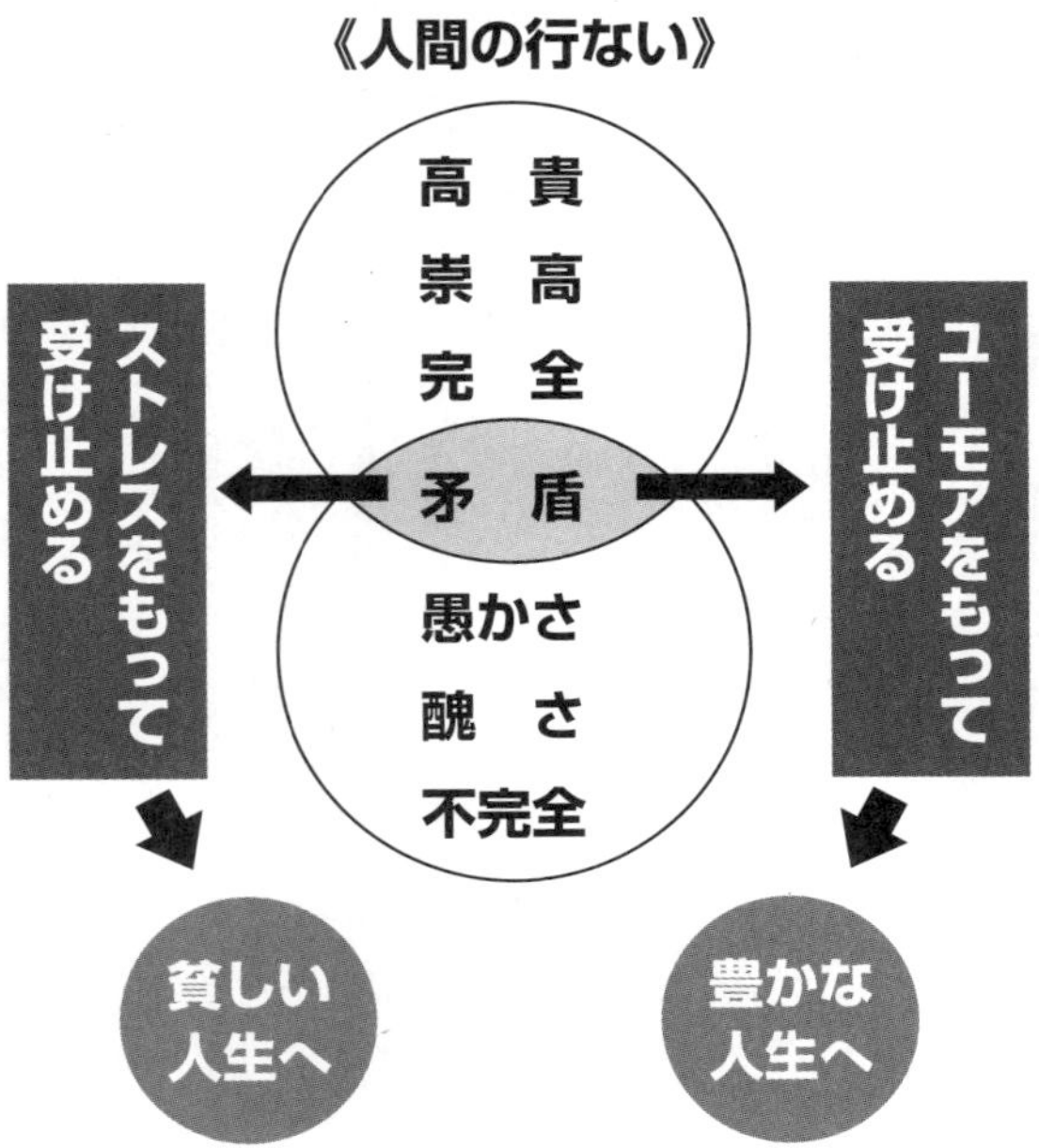

マーフィーの言葉

逆境のときに、ユーモアセンスを発揮できるなら、あなたは強い精神力の持ち主です。

19 あなたの「幸せ度」はどれくらい？

人生には運、不運、ツク、ツカナイといった人事を越えた要素が多分にあります。飛行機事故や食中毒などの災害にあうなども、そうした例です。こうした天災に近いものを防ぐのは至難の業ですが、人生にツキを呼び込む、つまり運命の女神を喜ばせるテクニックはあるといってよいでしょう。

では運命の女神が好ましいと感じ、微笑んでくれる判断基準とはなんでしょうか。そのチェックポイントは二つあります。

一つはどんな場合でも、いかなる局面でも「謙虚」でなければならないということです。謙虚な心がけ、態度を忘れると、ツキは逃げていきます。

第二は「笑い」です。どんなに実直に身を処していても、そこに笑い、ユーモアのセンスがない場合は、何事に対しても大きな成功は望めません。

謙虚さとユーモアを心がけることは、実は、人間修養の面からもたらされる大きな効果なのです。自分を磨き、よき友人や恋人、引き立ててくれる上司や人脈をつくることは、仕事・人生を「よい方向」へ向けるテクニックの一つです。

幸福を呼び込む２つのポイント

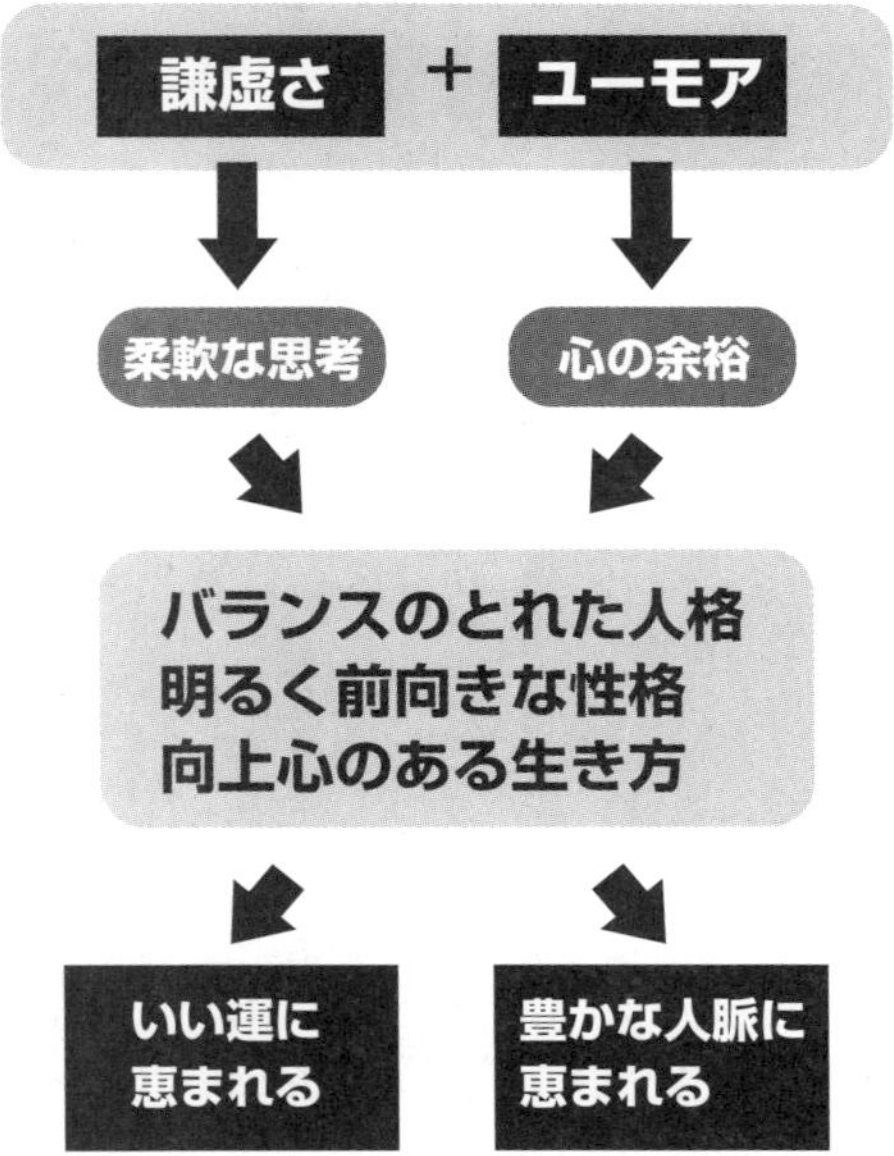

マーフィーの言葉

真の友を得たいと思うなら、まず自分自身が自分に対して友達になりたいと思うような人物になることです。

20 人脈を〝知恵の宝庫〟に変える方法

いうまでもないことですが、人にはそれぞれ長所や短所があり、完全無欠の人はおりません。程度の差こそあれ、お互いに不完全な人間といってよいでしょう。

このように**人間一人ひとりに長所や短所があるならば、相互に長所を持ち寄って欠点を補足し合い、できるだけ完全に近い状態にすることを考えたらどうでしょう。人脈を「知恵の宝庫」と考えるのです。**

プライベートな人間関係や仕事を円滑に運ぶときなど、こうした柔軟な考えを基本にすれば、ずいぶん誤りは少なくなるはずです。ジグソーパズルのように、あなたの仲間の長所を適材適所に当てはめて、理想的な絵柄にすることを考えるのです。

そのためには、まず自分の長所・欠点をきちんと把握することが先決です。自分の長所・短所が分からなければ、ほかの人の長所・短所も正確に把握できません。自分という身近な実験台で、しっかり観察し分析することがポイントです。

それができれば、あとはそれぞれの長所をうまくアレンジして、より完璧で理想的な絵柄のジグソーパズルを仕上げればよいのです。

相手の長所に着目して人脈を形成する

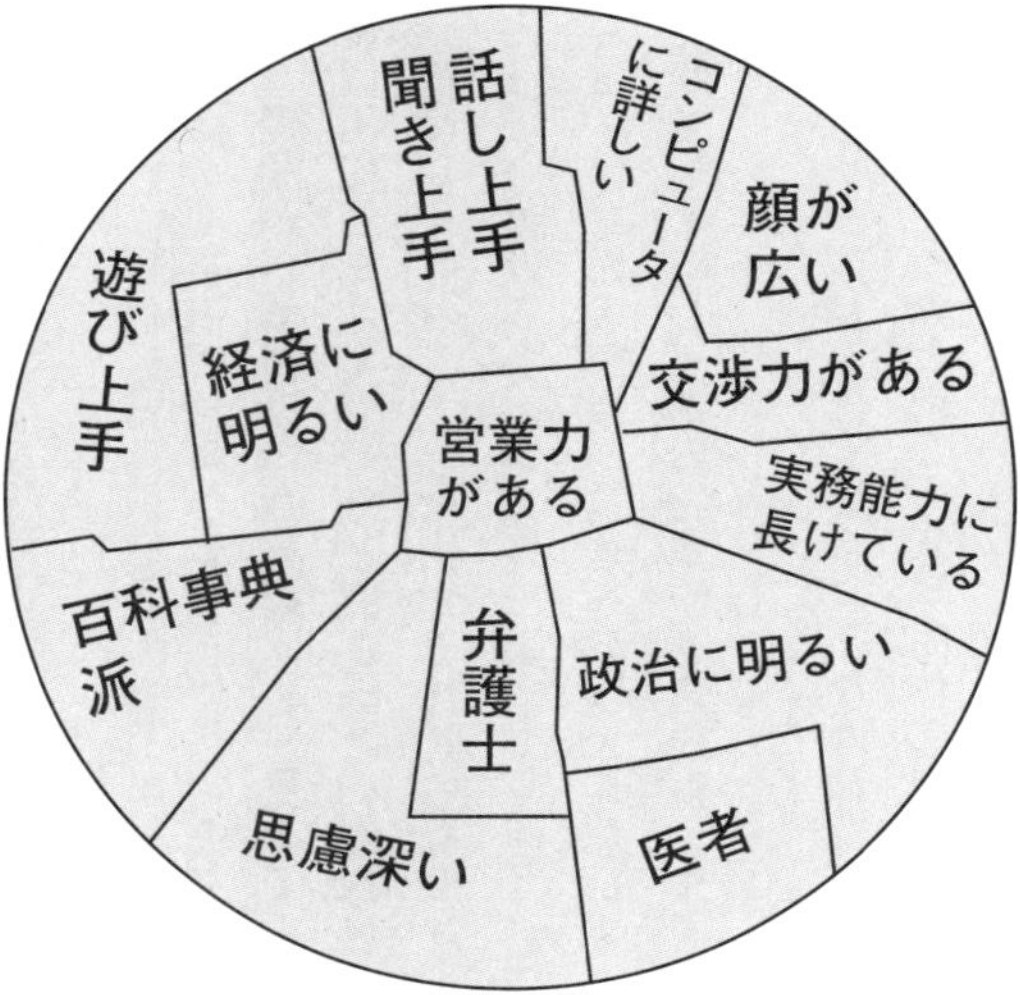

人脈を“知恵の宝庫”として活用する

マーフィーの言葉

他人があなたを批判しその批判の内容が当たっているならば、喜んで感謝。その欠点を正す機会に変えなさい。

21 潜在意識は夢を〝忠実に〟再現する！

自分自身を知る一つの手がかりとして、自分を、肉体、感情、知性、魂という四つの部分に分けてみるのも興味深いアプローチです。この四つの要素をうまくコントロールしていけば、人間として勝者になる道すじが見えてくるからです。

たとえば肉体は、何かを進んでやりとげようという意思を持っておりません。また自らを意識する知性や、ものごとを選択する判断力もありません。このことは何を意味するかといえば、肉体はあなたの意思によって支配されているということです。いってみれば肉体は、あなたの感情や信念を歌う大きなレコードのようなもの。なんでも好きなものを吹き込めるし、あなたが吹き込んだままを唄い、それから逸脱することはないのです。

だから肉体に何を吹き込むかは、慎重にしなければなりません。後悔、嫉妬、憎悪、憤怒などを吹き込めば、それと同じ症状が肉体に現われてきます。そのかわり、平和、愛情、調和、繁栄などを吹き込めば、あなたの肉体は健康的で、調和のとれた状態に保つことができるのです。

最良の言葉、考え方で心と体を満たせ

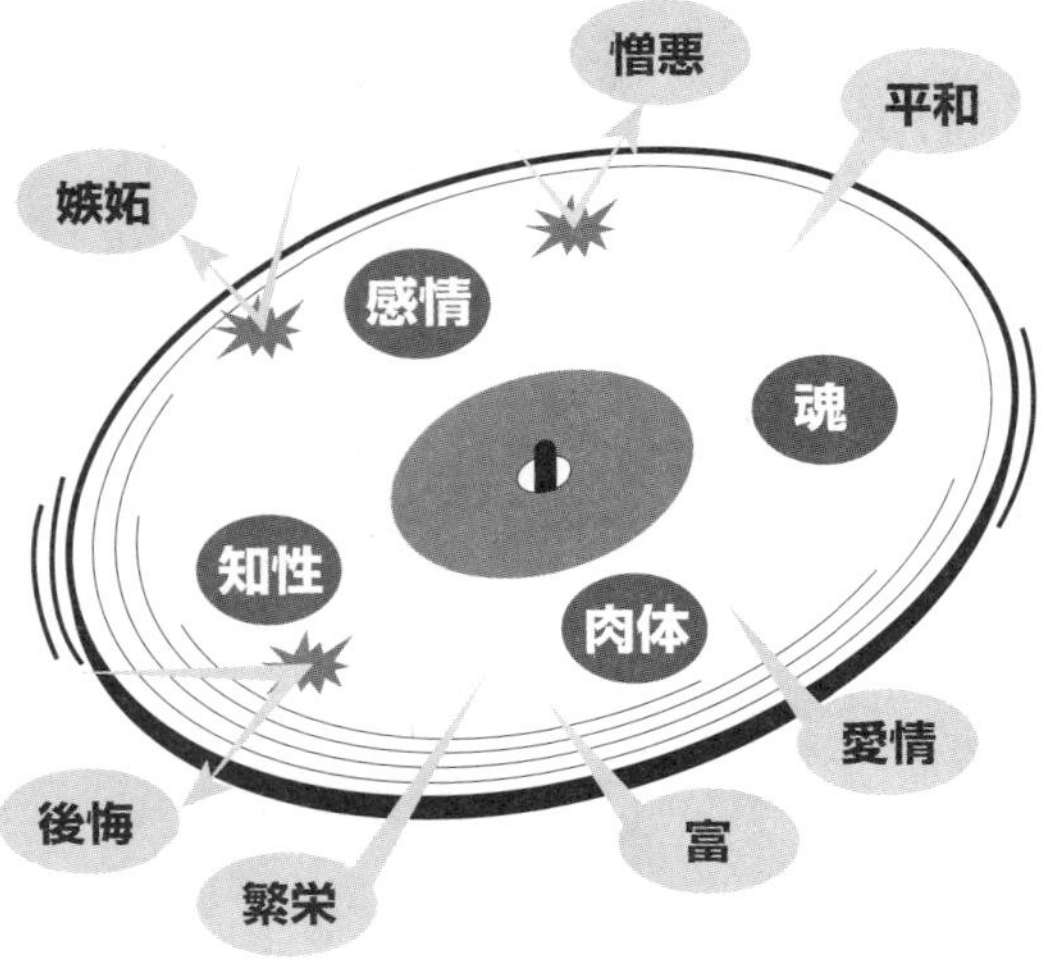

マーフィーの言葉

潜在意識は録音機みたいなもの。あなたが習慣的に考えることを再現する能力があります。

22 「好きなこと」を仕事にしよう

ある学者は、「自己実現」について、次のような三つの条件を掲げています。

①自分の好きなことをやる
②それで生活が成り立つ
③他人から高く評価される

確かに自分がやりたいと思うことを探しあてることは、人生のスタートといえます。やりたいという思いがしっかりしていれば、能力の欠如や不足している分は、なんらかの方法でカバーできるからです。その意味で、自分の内面からわき出てくる「やりたい」という気持ちと「仕事」が一致することは、何より「幸福」なことなのです。

自己実現というと、とかく難しく考えがちです。しかし、決してそうではありません。アテネ五輪女子柔道で金メダルに輝いた谷亮子は、幼少のころから研鑽《けんさん》を積み続けてきました。日本国内のみならず、世界大会でも常に優秀な成績を収めた彼女は、自己実現が完全にできた人物です。心構えがしっかりしていれば、どんな職業に従事していても、自己実現は可能なのです。

自己実現のための３つの条件

①自分の好きなことをやる

↓

②生活が成り立つ

↓

③他人から高く評価される

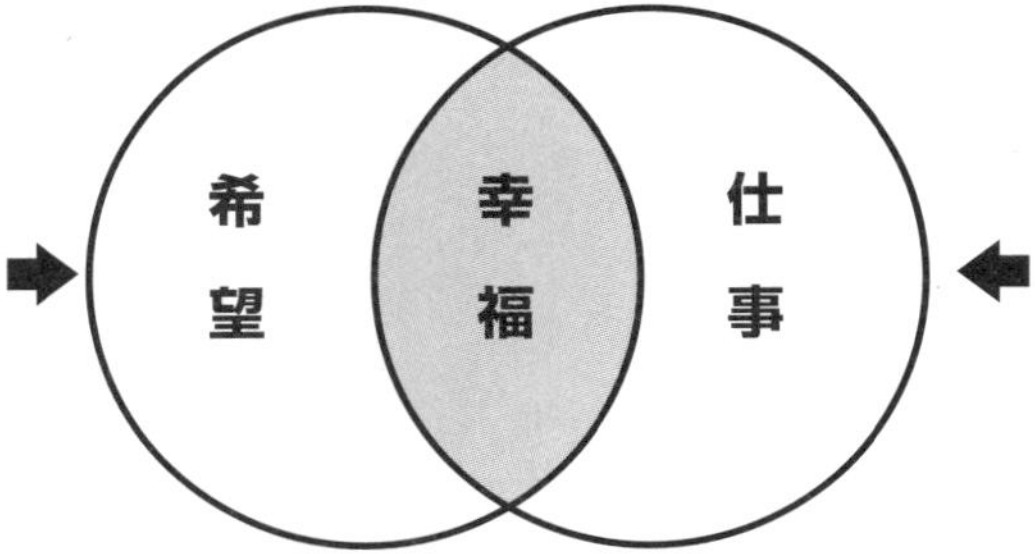

「希望（やりたいこと）」と「仕事」が重なりあうほど、「幸福」になっていく

マーフィーの言葉

あなたは潜在意識から、あなたが関心を持つテーマにマッチした直感を受けとります。

23 理想の自分に〝最短距離〟で近づく法！

「自己変革」ということが、よくいわれています。

読んで字のごとく、自分を変えて、新しい自分に生まれ変わるという意味合いです。しかし、今さら自分など変えられない、努力したって無駄なことと思い込んでいる人もいるようです。

確かにDNAは生まれたときから遺伝的に決まっています。だから自分の「性格」や「行動様式」など変えられないと思い込んでしまうのです。

しかし、これは早合点というものです。たとえば、無口で引っ込み思案だった人が、女優や歌手として成功したり、虚弱体質だった少年がトレーニングに励んだ結果、格闘家やスポーツ選手として成功するケースは枚挙にいとまがありません。

どうしてこういうことが起こるのでしょうか。それは人間の「性格」や「行動様式」は環境とか自分の経験によって後天的に培われる要素が非常に多いからです。

つまり、「なりたい自分」「憧れの自分」を強力にイメージして、その真似をしているうち、いつの間にか憧れの人間と同じレベルに近づいてしまうのです。

あきらめる人、あきらめない人の違い

あきらめない人	あきらめる人
努力	怠惰
継続	刹那
模倣	マンネリ
工夫	無知
↓	↓
理想の自分に近づく	理想の自分から遠ざかる

マーフィーの言葉

他人の価値を認めなさい。そうすればあなたも自分の価値を認めてもらえます。

24 長所を伸ばすべきか？ 短所を補うべきか？

ところで自己改革をする場合、自分に対する好きなところ嫌いなところが問題になるようです。改造にあたっては、自分が「嫌いな部分」を変えようとするからです。

しかし、客観的に考えるなら、本人が嫌っている欠点が致命傷であることは、ほとんど皆無といっても過言ではありません。

テレビタレントをよく観察してみてください。一つひとつの部分に分解してみるなら、鼻が大きかったり、頬骨が張っていたり、出っ歯だったり、必ずしも及第点といえないケースもまれではありません。むしろ必ず欠点があると断言できます。

にもかかわらず、その人が魅力的に見えるのは、もっとトータルな人間性、人柄やセンス、雰囲気やユーモアなどが好ましく感じられるからなのです。自分が嫌いという人は、自分に対する「観察」が不足しているのです。欠点も長所も表裏一体で、それこそが個性をきわだたせる要素なのです。

あなたが嫌いだと思っている部分も、トータルとしての自分を高めれば、素晴らしいチャームポイントに変えられることを忘れてはいけません。

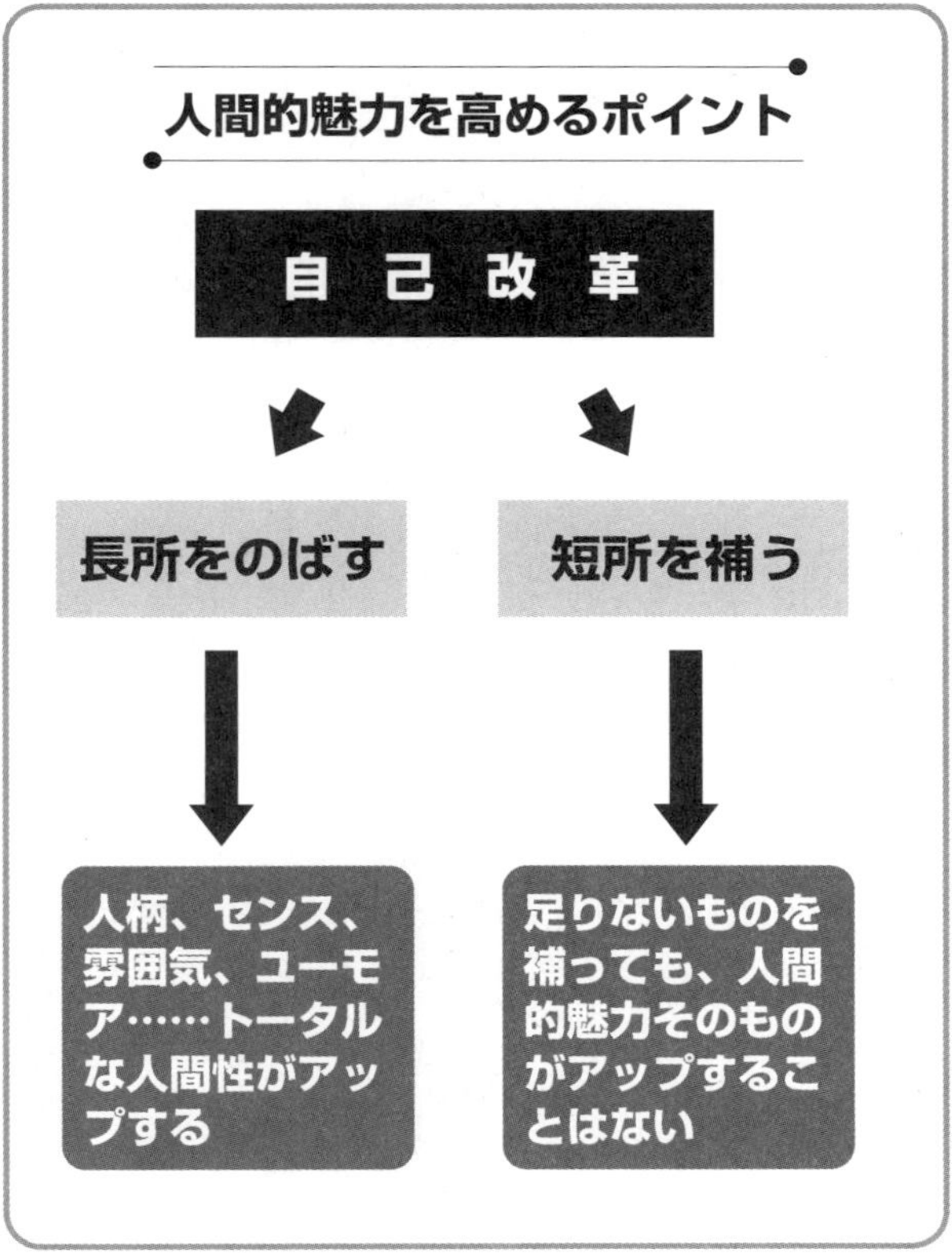
人間的魅力を高めるポイント
自己改革
長所をのばす
短所を補う
人柄、センス、雰囲気、ユーモア……トータルな人間性がアップする
足りないものを補っても、人間的魅力そのものがアップすることはない

マーフィーの言葉

心から自分を愛し、大切にしなさい。これは自己への偏愛ではありません。

25 〝富が富を呼び寄せる〟

「富は富を呼び、貧は貧を呼ぶ」

これは、富んだ人のところには富んだ人が集まり、貧しい人のところには貧しい人が集まってくるという意味ではありません。富んだ人も貧しい人も両方とも、自分という一人の人間の中に潜んでいるのです。

株を一〇万円から始めて三〇〇〇万円儲けた主婦が話題になりました。この人は一〇万円を三〇〇〇万円という富に増やした人が、その人の中に潜んでいて、増やす方法を常に考えていたのです。「一〇万円位ならどうなってもいいや」という考えで株を売買していたら、多分、一〇万円を失っていたでしょう。富もうとする人はまず富むにはどうすればよいのか、その方法を求めて富んだ経験のある人の情報を得て「まね」します。この「まね」の方法が富みの結果に結びつくのです。

富む人の心のなかには富んでいる人がいて、「まね」をしているあいだに「まね」から「本物」になるのです。貧しい人は、方法を考えません。

「富む意識を持つ人は富む」「貧しい意識を持つ人は貧しい」のです。

富は富を呼ぶ、貧は貧を呼ぶ

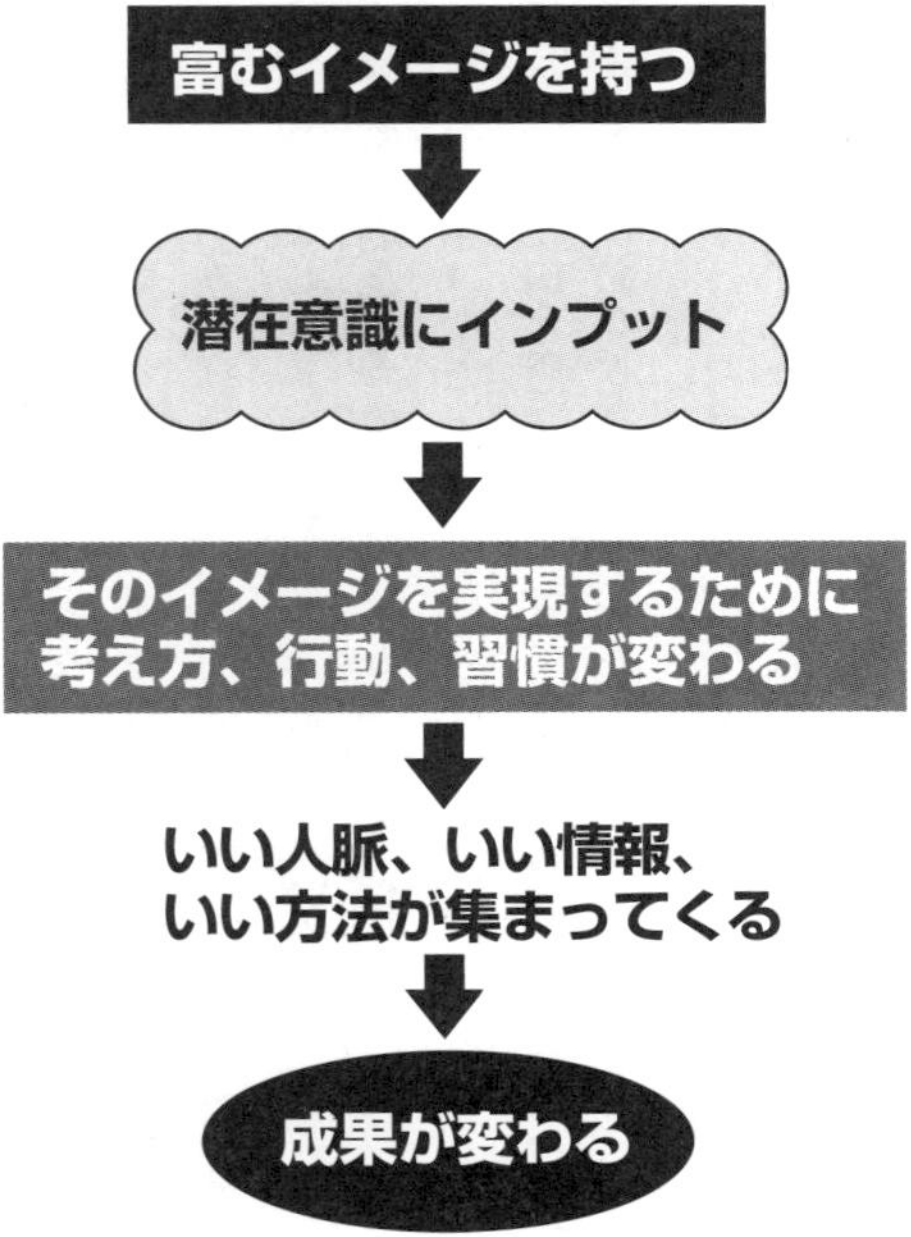

マーフィーの言葉

もしあなたが貧しい心の持ち主なら、貧しい意識の人を引きつけるばかりで、富を得ることはできません。

26 感情の〝三段階コントロール法〟

「感情」はどのようにして生まれてくるのでしょう。泣いている子供を見れば同情心がわきますし、憧れのスポーツ選手を見ればカッコイイなと思うものです。

しかし、たとえば悲しみや喜びなどの感情は、ただそれだけで生まれるものではありません。何かしらのエピソードや場面を思い浮かべることで、それに対応する感情がわき上がってくるといえるのです。つまり、感情が生じるためには、まずあなたの心の中になんらかの〝イメージ〟がなければならないということです。ここがポイントです。**感情を統制したいと思ったら、その感情が起きてくる考えやイメージから変えていく必要があるのです。**

憎しみや怒りの感情がわき上がったら、それがわき上がってきたもとの考え、イメージを変えることによってそれを克服するのです。否定的な感情に支配されそうになったら、イメージの設定を楽しく、喜びに満ちたものに変えるのです。

建設的で、調和のとれた出来事に心のチャンネルを切り換えることができれば、あなたは感情的に大人になったということです。

感情をどうコントロールするか

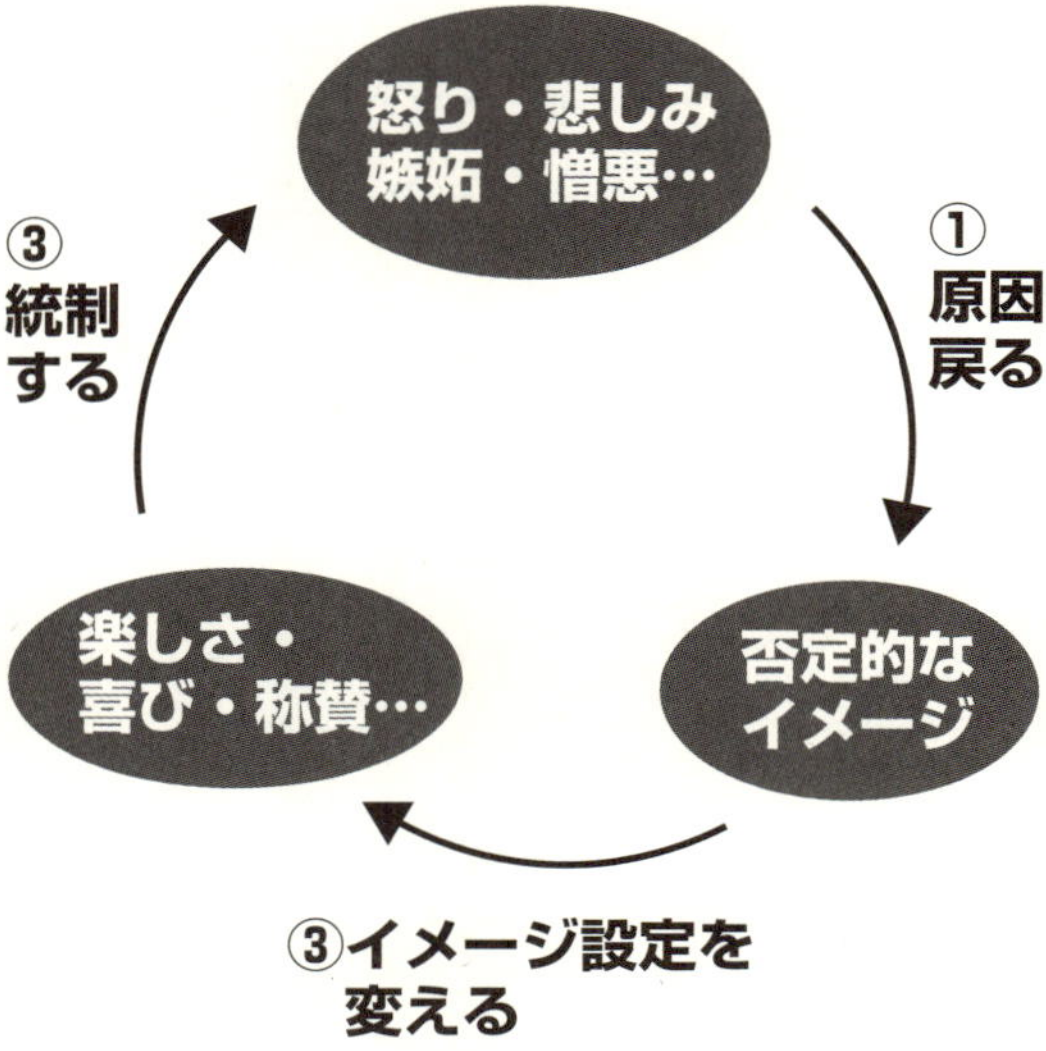

マーフィーの言葉

あなたの考えは黙っていても感知されます。悪意や嫉妬、憎しみの感情を抱いてはなりません。

27 「嫉妬心」を捨てるだけでいい

成功とか成長を望むならば、自分の考えや思いをレベル・アップしなければなりません。そうしなければ、いつまでたってもひ弱で、ひがみっぽい状態から脱出できません。いわゆる「嫉妬」で心が毒されてしまっているからです。

嫉妬とは、ひとことでいえば、自信のなさの表われです。自分の力で自分の能力を高めていく努力をしないで、相手を攻撃して心のバランスを取ろうというわけです。しかし、**ひとたび嫉妬の情にとらわれると、マイナスパワーが内向し、運気は下降の一途をたどってしまいます。嫉妬の思いが強ければ強いほど、潜在意識に悪感情が蓄積されます。**「人を呪わば穴ふたつ」といわれるように、呪った本人がダメージを受けてしまうのです。

あまりに自分勝手なことばかり考えているから〝嫉妬心〟が生まれるのです。正しく判断し、自分が持っている運気や才能を引き出すことができないのです。進歩や成功には、多少の努力はつきものです。どれだけ自分本位な思いを捨て、みずからのレベル・アップがはかれるか、それが成功を勝ちとる法則です。

マイナス感情があなたの足を引っ張る

マイナス感情が
運気・進歩・才能のレベルを引き下げる

マーフィーの言葉

嫉妬は病気です。嫉妬深い人びとは恐れと不安と劣等感に悩まされているのです。

28 あなたも欲しいだけの富が手に入る

勝ち組というと、いかにも弱い者いじめをしかねない、強欲集団のように思われるかもしれません。勝ち組の連中は、強引でも欲しいものはなんでも、弱いものから奪い取ってしまうという考え方です。

しかし、こうした考えは、あきらかに間違っています。人を犠牲にしなくては富は得られない、というバカげた考えに支配されているからです。

富を得るために人を傷つけたり、奪い合ったりする必要はまったくないのです。そんな方法で富を手に入れたとしても、長続きするものではありません。

大切なのは、「奪い取る」ことでなく、「創造する」ことです。マーフィー博士は、このことをとかく強調しています。**「争いではなく創造することが富を増加させる鉄則」**であると。

たとえば、新しい仕事を始めるとき、先行する会社と同じ内容で競い合うのは愚かな方法です。先行する会社とは「異なった仕事内容」を提案するのです。愚かな競争にエネルギーを注ぐより、はるかに懸命で創造的なやり方です。

無限の富を手に入れるための鉄則

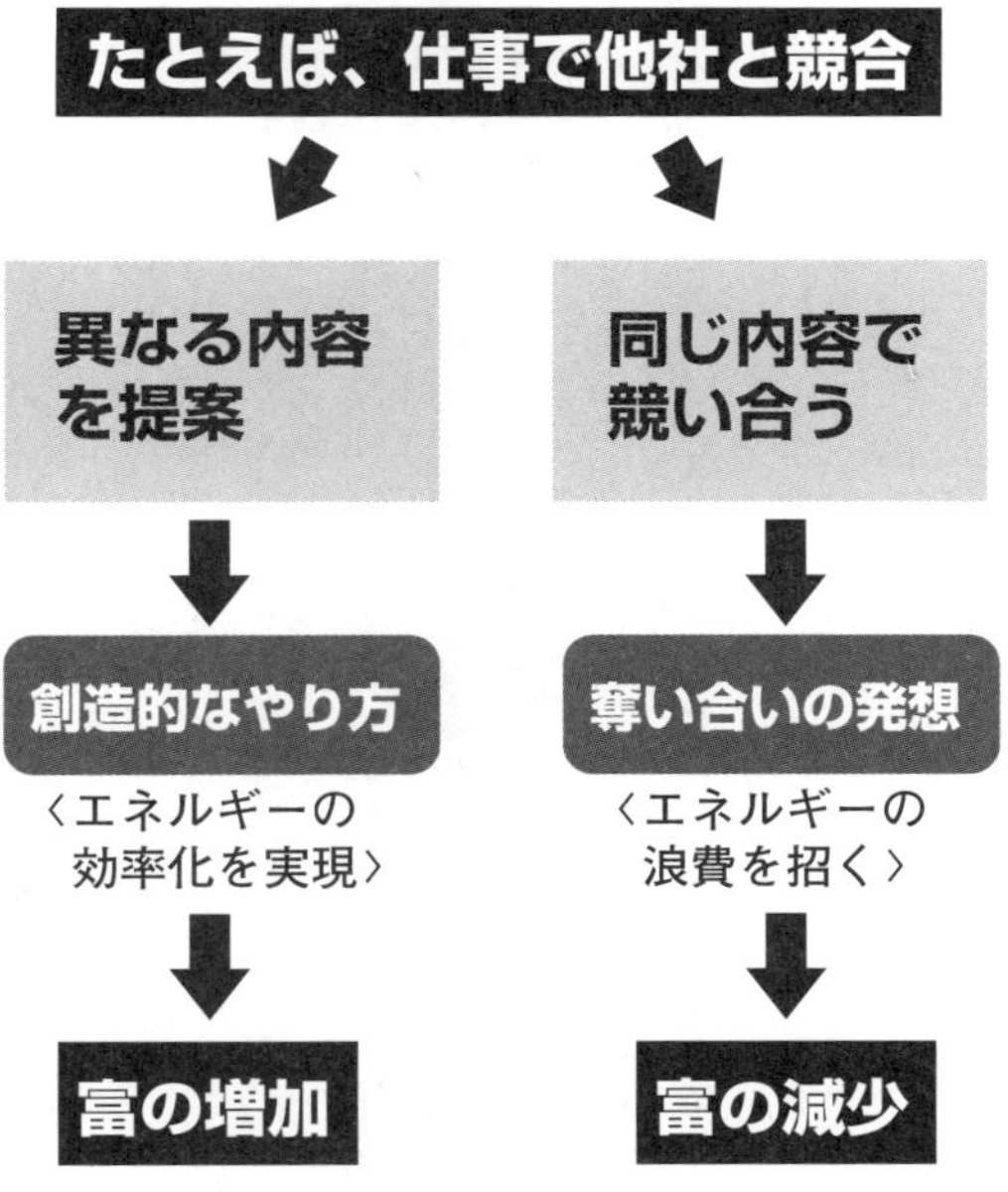

マーフィーの言葉

空気がなくなってしまうことがないように、宇宙の無限の富もなくなることはありません。

29 一日五分、この「自問自答」を繰り返せ

勝ち組への道は、争いではなく〝創造〟にあります。そこで再確認したいのは、創造の原動力となるのは、会社の環境や、両親、友人などからの影響ではなく、あくまでもあなた自身の在り方にあるということです。あなた自身が有している自分の個性、能力などの発揮の仕方によって創造力が生かせるのです。

ここでも無限の力を秘めた潜在意識を活用すれば、創造すべきことがおのずと分かってきます。**心を鎮めて、一日五分間、「毎日同じことの繰り返しでいいのか」「今の仕事をどうしたら発展させられるのか」など自問自答を繰り返すのです。こうすることによって、やがて潜在意識はあなたに語りかけ、自分が何をすればよいのか答えを出してくれるでしょう。**

人間は変化する学習能力が備わっていて、世の中の変化に対応できるよう生まれついているのです。

これが人間に備わった〝創造性〟という、自分自身を変化させることができる能力です。自分を変えることが周りを変える力になるのです。

この「自問自答」であなたは変わる

1．どうすれば、今の仕事を発展させられるか？

2．毎日、同じことの繰り返しでいいのか？

3．もっと効率のよい方法はあるのか？

4．別のやり方はないのか？

5．モチベーションを保つにはどうするか？

6．相手に満足してもらうにはどうするか？

7．上司を納得させる仕事をするには？

8．部下を上手に動かすには？

9．同僚とうまくコミュニケーションを図るには？

10．売り上げを伸ばすにはどうするか？

マーフィーの言葉

ある問題で行き詰まったとき、まったく別のことをやってごらんなさい。思わぬところから解決策が出てくるはずです。

30 「バカになれる人は強い」――これだけの理由

評論家の竹村健一氏は「頭は使うが気は使わない」という意見の持ち主です。程度問題ですが、気を使いすぎるのは百害あって一利なしといってよいでしょう。なぜなら大切なことは、自分の信念や生き方を着実に実践していくことにあるからです。

個人の好みや理想像は多種多様です。今の世の中、**これだけ価値観が多様化しているのに、周囲のことを気にしすぎて、自分のやりたいことや判断を曲げてしまっては満足のゆく人生を手に入れることはできません。**

道徳とは〝自分の良心によって善を行ない悪を行なわない〟ことです。ひとり静かに潜在意識に問いかけてみて、自分の考えに誤りがないと判断したなら、たとえ、「敵が幾百万ありとても我ゆかん」の気概でことにあたりたいものです。これは自分を大切にすることにもつながります。

バカと天才は紙一重といわれるように、トップランナーはえてして世間的な判断からすると、〝ちょっと変〟といわれる要素があるものです。ときには孤独に耐えながら、自分が信じた道をゆく勇気も必要です。

あなたも「バカになれる人」になれ

・信念を実践する
・自分の信じた道をゆく
・孤独に耐える精神力がある

・周りに気を使いすぎる
・他人に影響されやすい
・孤独に耐える精神力がない

小さくまとまるより、ときには「型破り」ができる人が成功する

マーフィーの言葉

自分と他人を比較するのはやめなさい。これは他人を台座に持ち上げ、自分を侮辱することです。

31 経営の神様に学ぶ、超一流の「プラス思考法」

少々耳が痛い内容ながら、一つ松下幸之助さんの言葉を紹介しましょう。

「君らなあ、布団に入ってすぐ眠ってしまうようではあかんな。これから日本がどうなるか、いろいろ考えながら眠らんとあかんな」

松下幸之助さんにとって、考えなければいけない〝いろいろ〟の中には、経営上や人生上の心配ごとがあったことはいうまでもありません。さらには日本の将来や、人間の果てしない苦渋や憂いもあったに違いありません。ということは、松下さんは決してはじめから物事を楽天的に考える人ではなかったということです。

プラス思考とは、心配ごとや悩みがまったくない状態ではなく、心配ごとも悩みもしっかり受けとめ、その上で積極的な姿勢をとることなのです。問題を解決しようと四苦八苦する——それこそ、プラス思考の原点ともなるのです。

松下さんは、ある経営者にこう断言しました。

「もしあんさんが毎日心配せずに生きたかったら、経営をやめたほうがよろしい。経営者の一番の仕事は心配することや」

「プラス思考」の正体とは？

問題解決のための努力こそが
ポジティブ思考の源

マーフィーの言葉

あなたの性格と精神的態度が、あなたの成功と失敗を決めるのです。

32 これが、〝失敗を逆手に取る〟一番の方法！

もう一つ松下幸之助さんの話を紹介します。

松下幸之助さんが人材を選ぶ際に、どんな点に着目したか。それは〝失敗ができる人〟であり、〝同じ失敗は二度としない人〟ということが判断の基準だったそうです。失敗をしない人とは、最初から危険なことにチャレンジする勇気のない人であり、同じ失敗を二度する人は、失敗から学ぶ能力に欠けているということです。

説得力のある話です。棒高跳びの競技を考えてみてください。自分の限界が見えるのは、バーを落としたときなのです。跳躍に失敗して初めて自分の能力がはっきりし、新しい記録との戦いが始まるのです。つまり失敗はより高い成功を得るための、絶対必要条件なのです。

多くの失敗を重ねた結果、新しい発見ができたという例は、偉大な発明にあっては枚挙にいとまがありません。成功するまであきらめずチャレンジし続けるなら、その人に失敗はないのです。失敗はあなたが成功への夢を捨てたとき、あなたの前に出現する魔物といってよいでしょう。

「最良の失敗」が成功を引き寄せる

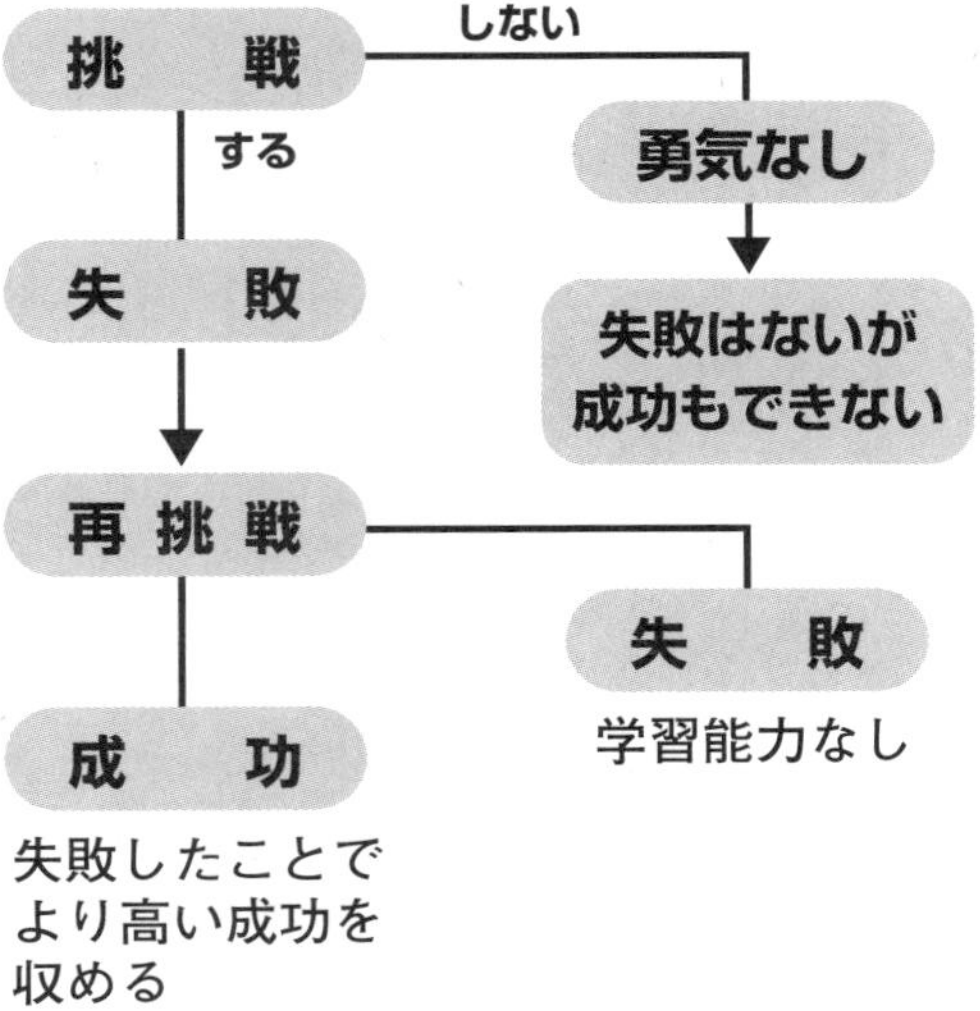

マーフィーの言葉

科学者は偉大なる信念の持ち主です。彼らは心の中のアイデアが、必ず達成できると信じています。

33 自分に負けグセがついていませんか？

成功者というのは、失敗しない人のことではありません。失敗を教訓として、次の勝負に生かした人が成功者になるのです。成功者は失敗の原因を徹底的に追求し、そこから貴重なノウハウを体得します。それに対し、落伍者は自信を失い、失敗を他人の責任にしたりして、自暴自棄の材料にしてしまうのです。

マーフィー博士は「**何をやってもうまくいかない人というのは、心の中に〝失敗パターン〟を持っている**」といっています。

一度や二度の失敗で、なぜ自信を喪失してしまうのでしょう。多くの場合、未熟な自分を過大評価し、自信過剰に陥っていたことに原因があります。精神的な甘さが必要以上なダメージとなり、ヤケを起こすことになるのです。

失敗したら、その原因を総点検することが大切なのです。失敗したのは、チームワークの問題か。外的な事情によるものか。事故が原因か。第三者の悪意や防害によるものか。失敗した理由や原因と思われる事柄を洗いざらい点検し、分析するのです。

何回失敗しても、この作業を続ければ、最後に成功を勝ち取ることができるのです。

失敗を生かす人、生かせない人の違い

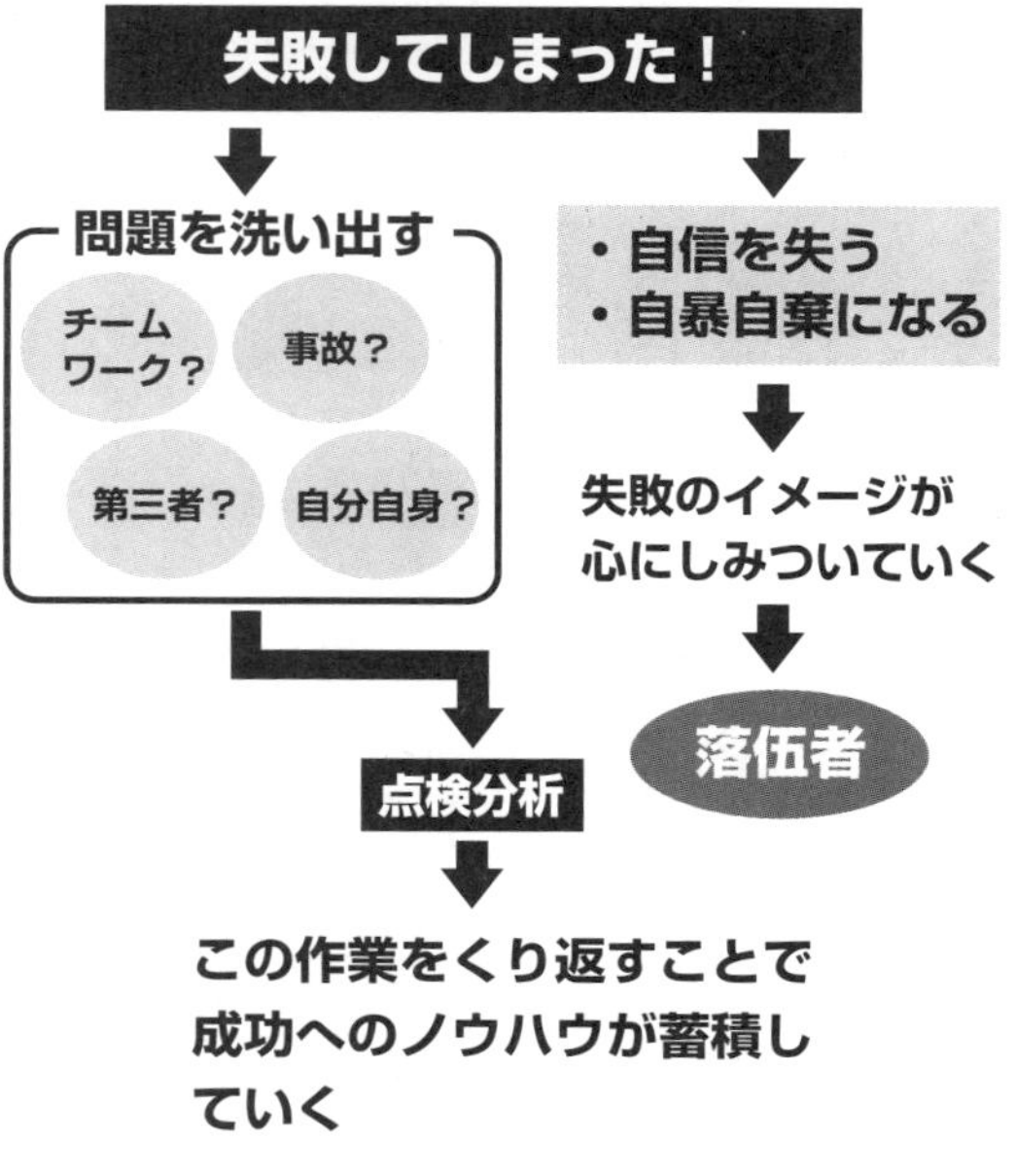

マーフィーの言葉

仕事で失敗する人は、失敗のパターンを心の中に持っているものです。そのイメージを変えなくては失敗から抜け出すことはできません。

34 他人とは〝争う〟のではなく〝棲み分ける〟

あなたは、どこか心の片隅で「自分はクダラナイ人間だ」と思っていませんか。あるいは「何をやってもダメな人間なんだ」と諦めていませんか。誰しもちょっと失敗したとき、ふさぎ込むことがあります。

でも考えてみてください。この世の中、全員が全員成功している人間や、できる人間ばかりであふれていたらどうなりますか。磁石でいえば、プラスとプラスは反発しあうのです。磁力が強い磁石ほど猛烈に反発します。当然マイナス同士の場合も同じです。そこからするとプラスとマイナスは仲がよく引き合うのです。

自分が何かのきっかけで落ち込んだとき、「オレがダメなときは他の人が頑張り、他の人がダメなときオレが頑張っているからこの会社はもっているんだ」という意識の転換が必要なのです。組織にいると、プラス同士の人たちの意識の中での足の引っ張り合いもあります。こういう競争を異なった点から見ると、その組織の中での自分の役割が冷静に見えてきます。このときこそ、あなたのマイナスの磁力がプラスの磁力に転換できるときです。そのキッカケをしっかりとらえてください。

プラスとマイナスの法則を活用せよ

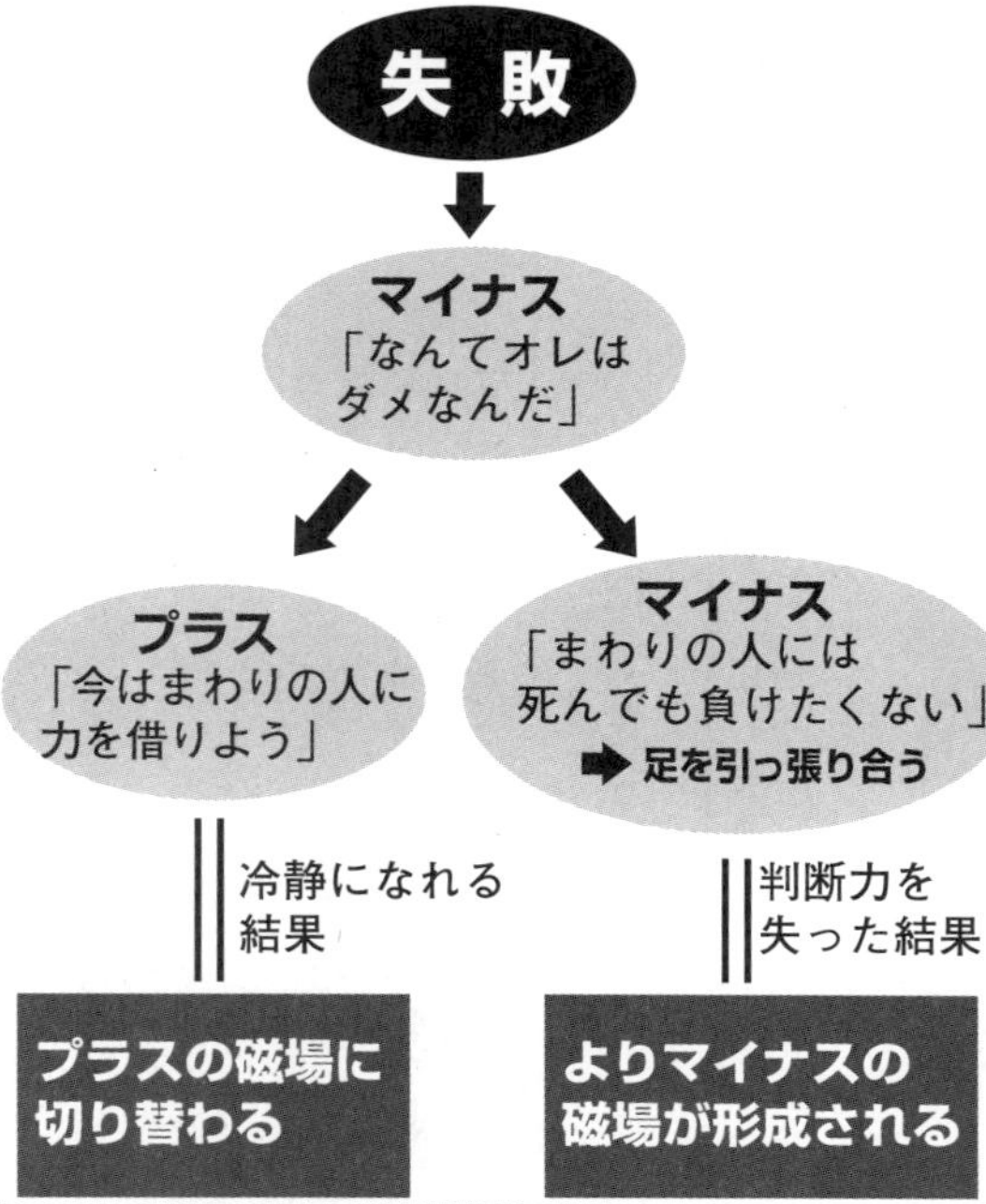

マーフィーの言葉

生命を肯定しなさい。死を肯定するのは間違いです。

35 〝あきらめの悪い人間〟が最後には勝ちます

仕事のスタートがうまくいかなかった場合は、どうすればいいのでしょう。当然のことながら、もう一度スタートからやり直すのが筋道です。ただし、失敗したら原因をとことん究明することはいうまでもありません。

立派な仕事を心がけるなら、「もうこれで十分」という状態はありません。その仕事がサクセス最前線を突っ走っている場合でも、さらなる新機軸を打ち出していくのがこの世の王道です。まして一回や二回の失敗でシッポを巻いているようでは勝ち組には入れません。

成功するために大切なのは、いったんこれだと決めたなら、そのことをやり通す〝心意気〟なのです。二度、三度、四度と仕事をやり直すたびに、よりよい仕事を成就するチャンスは増してくるのです。

いつかはきっと勝つと信じていれば、どんな事態にも落ち着いて対処できるもの。自ら選択した目標は、いかに苦渋に満ちていても、あきらめずやり通し、ついには成功する——これが絶対的な成功のパターンなのです。

一度や二度の失敗でシッポを巻くな

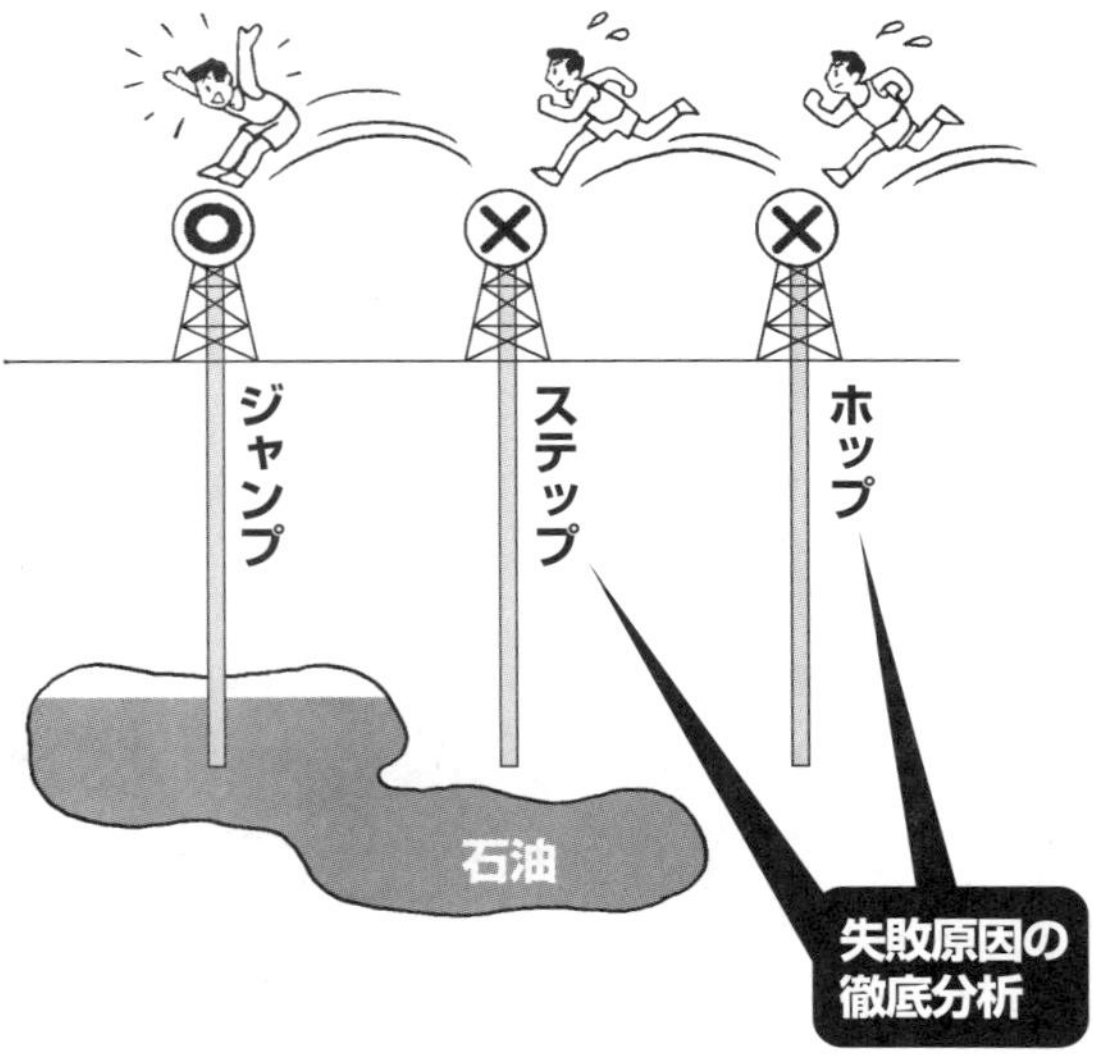

マーフィーの言葉

成功を阻む障害は、心の奥深いところにあります。

36 「同じ情報を繰り返しインプットする」脳の活性法

人はとかく頭のよし悪しについて、強い関心を持つものです。

人間の脳細胞は一四〇億もあり、この脳細胞はニューロンといわれています。そして脳細胞には長短さまざまな突起があり、ほかの脳細胞とつながっています。この関節にあたる部分をシナプスといいます。

脳には大きく分けて二つの働きがあります。外からの情報や刺激を細胞から細胞へとシナプスを通じて伝え、記憶中枢に刻み込む作業が一つ。もう一つは、反対に記憶した情報をそのルートを通じて表現する作業です。このとき、ニューロンは電線の役割り、シナプスは抵抗器の役割りをします。列車が何度も通過する線路を考えてみてください。列車が通る線路は自然に磨かれ、通らない線路は錆びついてしまいます。

脳細胞の回路も同じです。**同じ情報を何度も流してやれば、脳の回路は活性化します。外国語、経済情報……などを意識的に流せば、磨かれた脳の回路が増大するのです。**

そして、この繰り返し同じ情報を何度も流すことは、潜在意識に願望をインプットするプロセスと同じです。

頭を良くする、一番効果的な方法

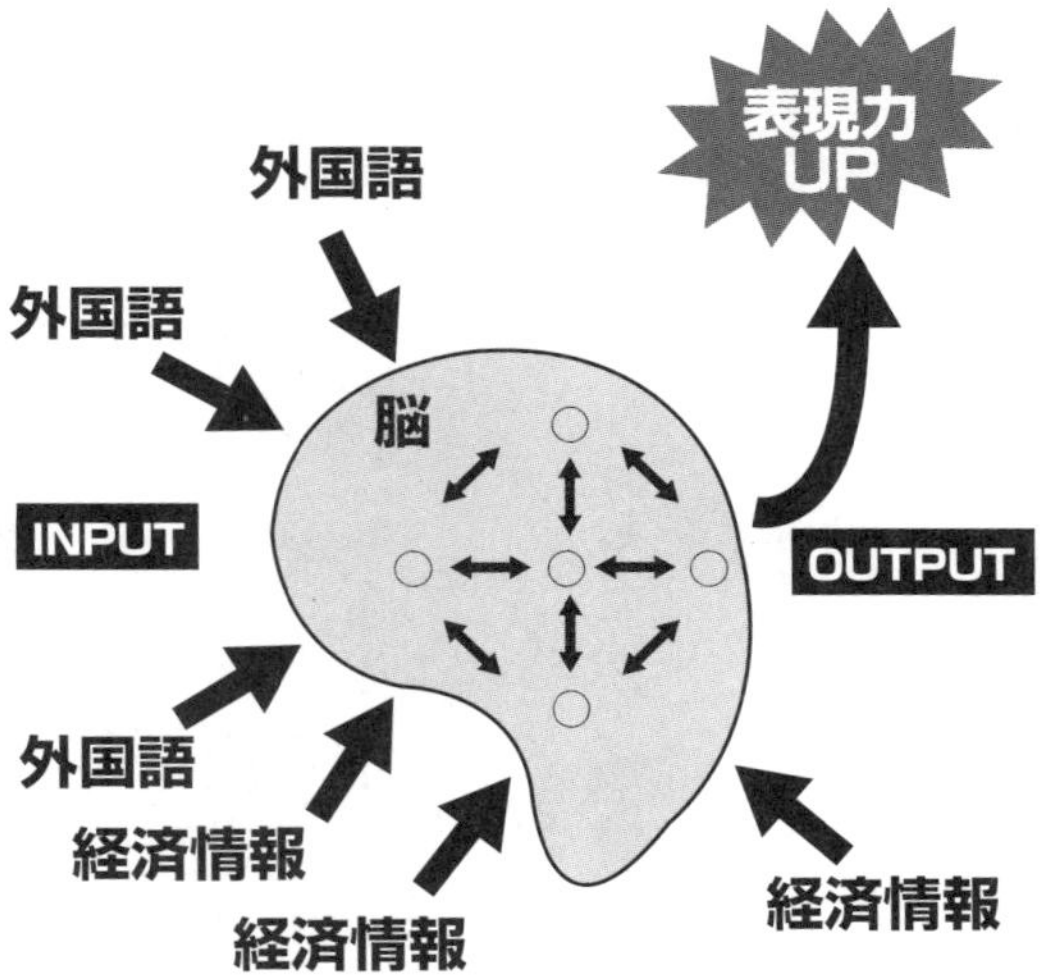

同じ情報を大量に流すことで脳を活性化

マーフィーの言葉

潜在意識は何事も忘れるということがありません。あなたが忘れたと思っているのは、顕在意識の部分でそう思っているにすぎません。

37 仕事がうまくいく「創造脳」プログラム

「もっといい知恵は出ないのかね。考えに考えぬいて、新機軸を打ち出してくれ」

上司から、こんな叱咤激励が飛ぶことは多いでしょう。大企業の販売戦略から、商店街のチラシ広告まで、つねに求められているのは、顧客の心をつかむ、よい知恵・アイデアです。換言すれば、与えられた切実な情況下、問題解決する打解策をどうひねり出すかということです。

こうした問題解決にあたって、フランスの科学者アンリ・ポアンカレは、創造の過程、つまり問題解決にあたっては時系列的に、意識、無意識、知的活動の三つの時期を通過しなければならないといいます。

①第一の意識の時期は、断片の収集が行なわれる。②第二の無意識の時期は、断片の組み合わせが次つぎと試みられる。③第三の知的活動では、選び出された組み合わせの正当性がチェックされる。

この三つのポイントは、ものごとを戦略的に考えるときの普遍的なプロセスで、この三点の「量」と「質」がすべての勝負を決するのです。

「戦略思考」３つのプロセス

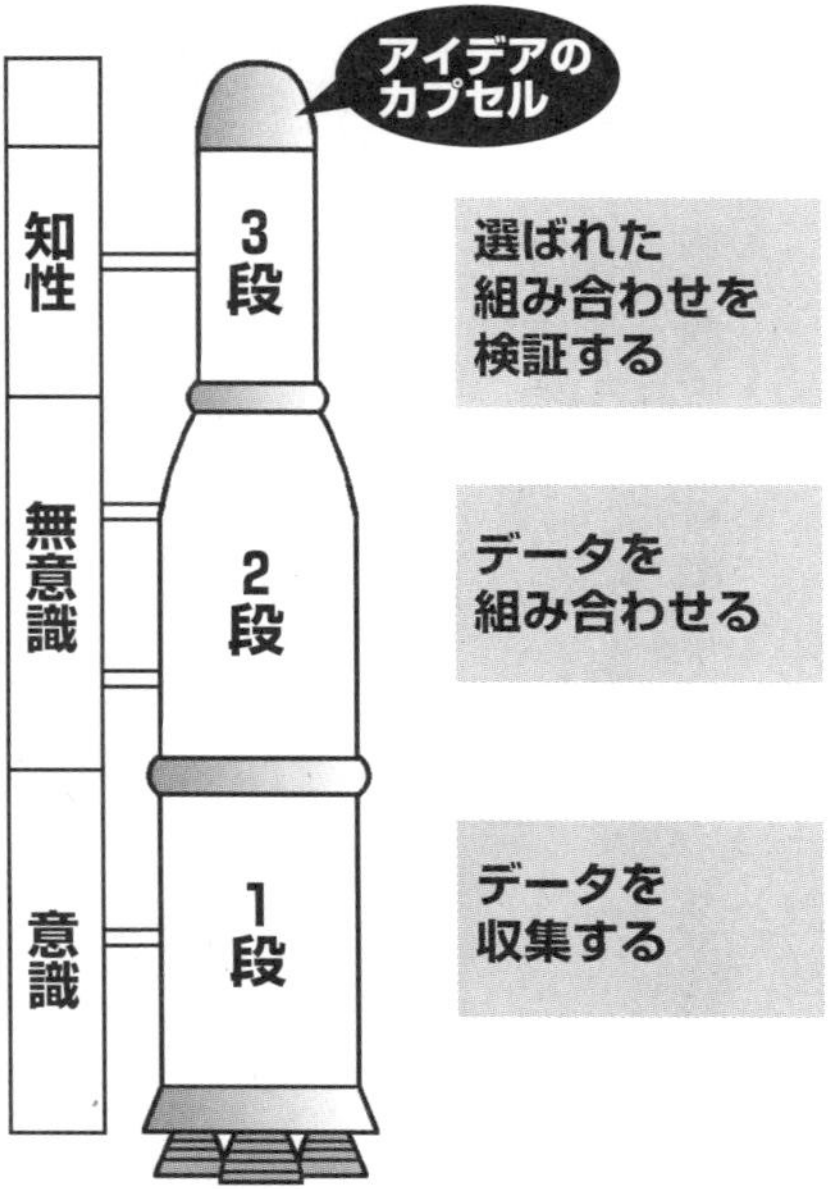

マーフィーの言葉

もしビジネスで滞ったら、「無限の英知は私が奉仕できるよい方法を示してくれる」と祈りなさい。

38 こんな足を引っ張る連中とはきっぱり訣別しよう

「オマエには、そんなこと絶対無理、無理」「現実をちゃんと見ろよ！」「あなたにできることなら、みんなやってるよ」

仲間からこうした意見を聞かされた人も多いでしょう。

こんなときは心の中から、そうした言葉を追い払うのが一番です。

世の中には消極的な考えや、それを持ち運ぶ人などさまざまいます。人のやる気に水を差す者、進歩をやっかむ者、理由もなくケチをつける者。しかし、あなたはそんな連中の影響を受けてはいけません。

くだらない意見や忠告にいちいちまどわされる必要はないのです。大切なのはマイナス思考を見分ける能力を養い、感情的なエネルギーや創造力をムダ使いしないよう注意することです。

あなたが観る映画、読む本、周囲にいる人びとを一度チェックしてみるとよいでしょう。「おれはどれくらい消極的思考の襲撃を受けただろう」と反省し、仮に消極的な考えに浸食されていることが分かったら、きっぱり訣別する勇気を持つことです。

あなたの「マイナス思考度」をチェック

チェックリスト

●最近観た映画は？

●最近読んだ本は？

●最近つき合っている人は？

ネガティブな人や物に
触れすぎていないか？

マーフィーの言葉

「こうなったらいいな」ということがあったら、そうなったつもりになってみなさい。

39 読書には、あなたを〝進化させる力〟がある

かの有名な自動車王ヘンリー・フォードは新聞記者からこんな質問をされました。

「ゼロの状態からスタートしたあなたは、なぜ、世界の大富豪になれたのですか？」

フォードは、こう答えました。

「私はゼロの状態からスタートしたのではない。ある本を読み、自分は〝目に見えない無限の宝庫〟とつながっていることを信じるようになった。つまり、その本に書かれていることを、人生の中で実現しただけのことだ」

フォードの場合のように、一冊の本との出合いが、あなたの人生を変えてくれることもあるのです。ただし、むやみやたらたくさんの本を読めばいいというものではありません。**まず良書を手に取り、困難を克服していくところや、感動を覚えたところをチェックして、何回も声に出して読んでみるのです。それを声に出して読み、書き写して、いつでも再確認できるように準備しておくことも大切です。**

それらの力強い言葉は、あなたの潜在意識に深く根をおろし、あなたの血と肉になるでしょう。そして知らず知らずのうちに、あなたは挫《くじ》けぬ人に成長しているのです。

力強い言葉は、潜在意識を動かす

「力強い言葉」は潜在意識を活性化させる

マーフィーの言葉

あなたの欲するものをはっきりとした形でとらえなさい。それがあなたの部屋の中にあるのを見なさい。

です。

40 「できる人」はなぜ多読家なの?

今の若者にとっては、読書などというと、ウザッタイと敬遠される傾向が強いようです。

しかし、書物から人生の知恵が学べることは今も昔も変わりありません。今の人がそれを知ろうとしないだけのことですから。人は生きた人間とじかに接する場合であれ、活字を通して接する場合であれ、なんらかの精神的影響を受けるものです。

だからこそ、すぐれた作品を読むことが大切になるのです。

自分以外の人間の生き方や長い歴史を通じて積み重ねられてきた経験を自分のものにするには、読書によるしか方法はありません。

私たちは書物を利用することによって、〝自分の体験以外にあらゆる場所、あらゆる時代を旅する〟ことができ、その知識は正しい判断を下すときにとても有効です。

良書を精読すれば、必ず良い刺激を受けます。すぐれた人物の精神の働きに触れれば、自分にも何かできる、何かやろうという気持ちがわき上がってきます。これは、心の態度をいい方向に向ける最善の手段の一つです。

本で「時空を超えた知識」を得る

読書は心をいい方向に
向ける最善のツール

マーフィーの言葉

ラドヤード・キプリングは、「言葉は人類が使っている最も強力な薬である」といっています。

41 たとえば、この一分で「運命」は変わる！

「チリも積もれば山となる」

古い言葉ですが、これらは、蓄財するために必要な日々の努力を奨励した含蓄のある言葉です。初めから大きな成果を期待せず、こつこつと地道な努力を続けることが、財産をつくる第一歩だということです。

「一日三時間せっせと歩けば、七年間で地球をひとまわり歩いたことになる」といわれています。地球ひとまわりは約四万キロです。ウォーキングに限らず、日々の努力によって成し遂げられる業績の偉大さには目を見張るものがあります。

何ごとにせよ頭角をあらわす人物は、慎重につくりあげた計画を断固たる精神力で実行に移していきます。いったん食いついたら、少々のことでは離しません。一分一秒を根気よく充実させていくことです。この一分一秒があなたの運命を変える「カギ」です。

前もって立てた計画どおりに一日を過ごせた充実感ほど、幸せな気分にしてくれるものはありません。

1分、1秒でも「運命」は変えられる

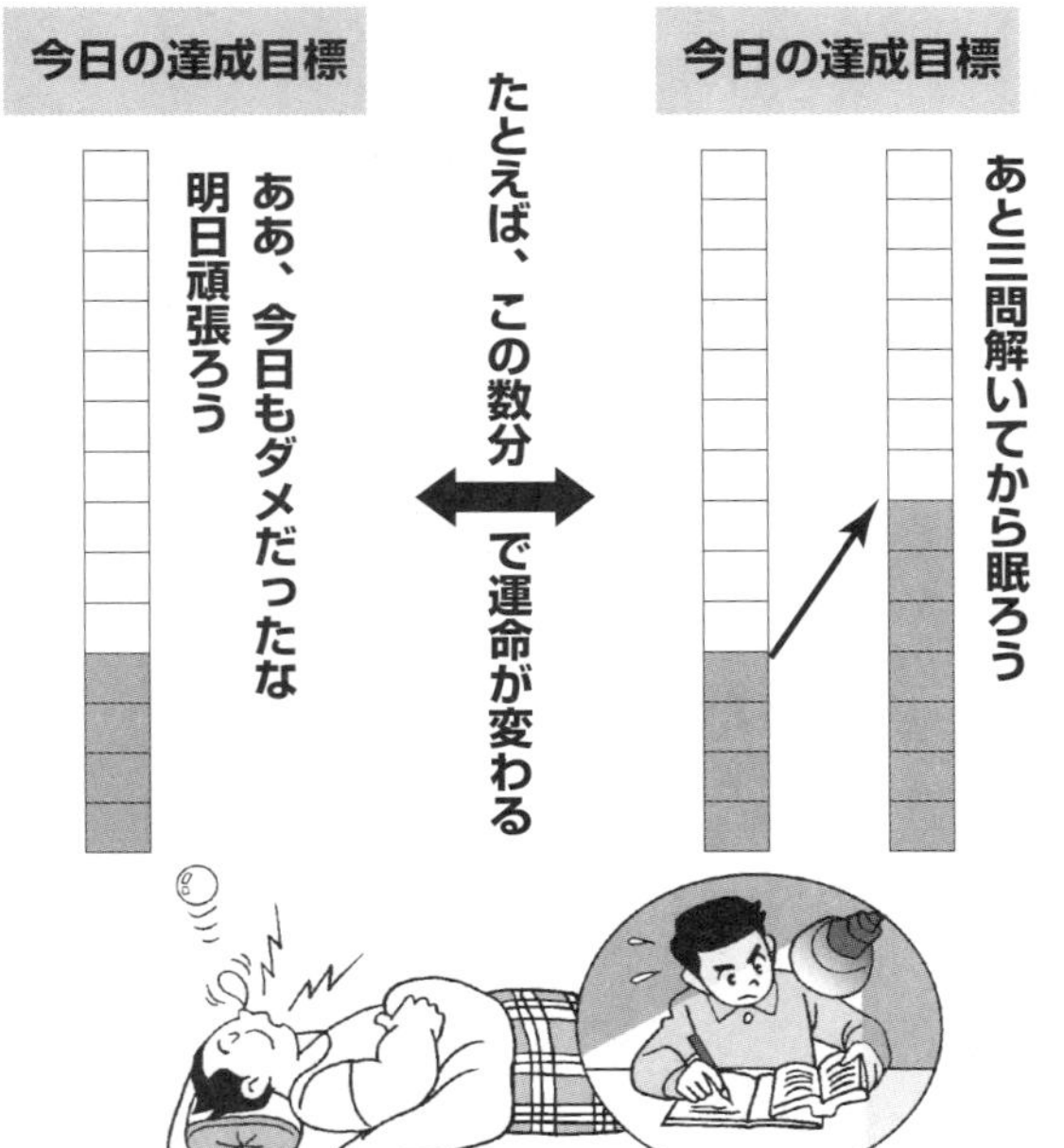
今日の達成目標
今日の達成目標
あと三問解いてから眠ろう
たとえば、この数分
で運命が変わる
ああ、今日もダメだったな
明日頑張ろう

マーフィーの言葉

あなたの今日の経験は、昨日が原因したものではなく、現在の思考が外に表われた結果です。あなたの考えを今変えなさい。

42 宮本武蔵に学ぶ「成功への最短ルート」

成功へ至る道は、たくさんあります。しかし、成功は1+1が2になるような、確実な公式によって成り立っていることを知ることも必要です。

その公式とは何か。それは人間の生活は一日、一日の積み重ねによって成り立っているということです。その日やらなければいけない行動は、どんな小さなこともおろそかにしてはいけないのです。

宮本武蔵は『五輪書』に書いています。「今日は昨日の自分に勝ち、明日は今日の自分に勝とうと努力し、千里の道を一歩ずつ歩んでゆくのである。千日の稽古を鍛といい、万日の稽古を練という」

人間はやらなくてはならない仕事をさぼったりすると、倦怠感、不安感を持つものです。だから自分が引き受けた役割や、自分が課した努力目標を力のおよぶ限りやり遂げることが、プラス思考を強化するうえで、非常に重要なのです。

メジャーリーグのイチロー選手もNHKのインタビューに答えてこういっています。「細かいことを積み重ねて、頂上へ行くしか方法はない」

剣豪・宮本武蔵の「勝負哲学」とは

今日は昨日の自分に勝ち、
明日は今日の自分に
勝とうと努力し、
千里の道を一歩ずつ
歩んでゆくのである。
千日の稽古を鍛といい、
万日の稽古を練という。

この「鉄則」を守れば
成功は向こうからやってくる

マーフィーの言葉

好機はいつもあなたのドアをたたいています。

43 思いがけないひらめきが生まれる「連想ゲーム」

独創的なアイデアを出すにはどうすればいいか。有名なものに、「ブレーン・ストーミング」の提案者として有名なオズボーンは、机の上に集めてきたデータを並べて置き、次の項目に従って連想ゲームを試みよといいます。

①別の使い方はないか
②同じような成功例を探し、そのアイデアを真似てみる
③一部分を変えてみる　④拡大してみる
⑤縮小してみる　⑥別のもので代用できないか
⑦並べ変えてみる　⑧反対にしてみる
⑨いろいろな組み合わせを試してみる

こうした作業をあれこれ行ない、その記録を残しておくのです。その際、バカバカしいといった考えは禁物です。バカと天才は紙一重といわれるくらい、独創的なアイデアは、常識的な考えの背後にひそんでいることが多いのですから。

あなたの中にある潜在意識に眠っている創造的アイデアに限界はありません。

「創造力開花」 9つのテクニック

次の9つの作業をくり返し、

①別の使い方はないか
②同じような成功例を探し、
　そのアイデアを真似してみる
③一部分を変えてみる
④拡大してみる
⑤縮小してみる
⑥別のもので代用できないか
⑦並べ変えてみる
⑧反対にしてみる
⑨いろいろな組み合わせを
　試してみる

記録を残しておく。

↓

思いがけないアイデアがひらめく

マーフィーの言葉

あなたはあり余る財産を持っています。あなたの潜在意識の中に存在する途方もない力と知恵を見出しなさい。

44 願望を「大・中・小」に細分化する

成功するためには、まずは自分の目標を明確にすることに尽きると前に述べました。そして大目標が決まったら、さらにそこへ至る道筋の細分化も必要になります。

ここで多くの人たちに関心があるだろう〝独立〟について考えてみましょう。不動産屋を例にしますが、これがたとえば美容院、税理士、レストラン……などと対象が変わっても本筋は同じと考えてよいでしょう。

①不動産鑑定士、宅地建物取引主任などの資格を取る
②不動産会社に就職する
③交友関係をふやし、人脈をつくる
④ワンルームを購入し、貸借にする

こんな風に個々のケースを決めていくと、自分の考えがはっきりしてきます。資格が必要なら、まずは資格を取らなければ話になりません。

漠然と願望するのではなく、めざす分野、時期、場所、手段などをしっかり細分化していくと、新しい展望が開けてくるものです。

願望実現へのプロセスを立てる

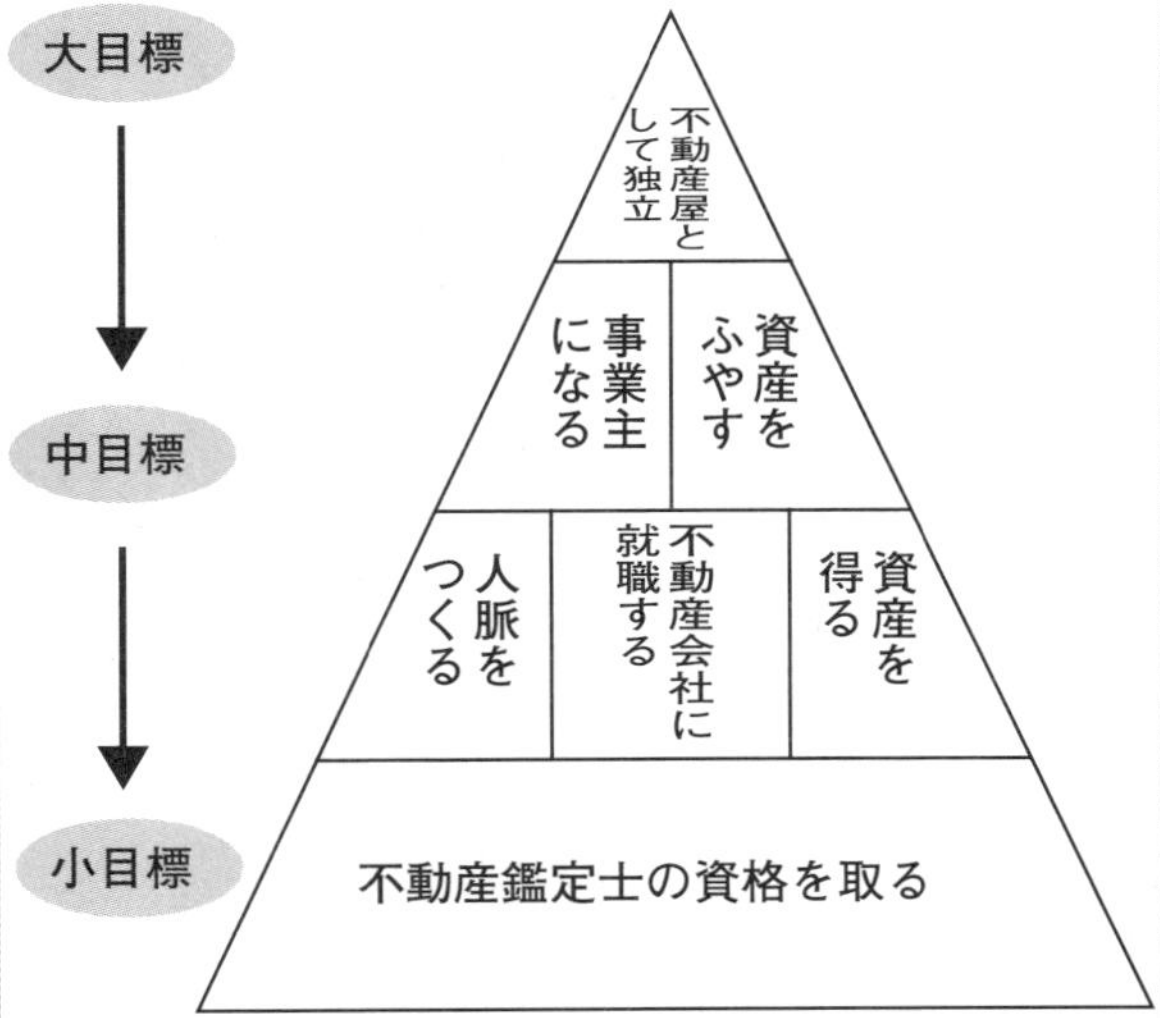

マーフィーの言葉

あなたはいつも自分の選択や決定が正しいことを確信しなさい。

45 成功を確実につかむ「シナリオ・プランニング」

あなたは、どんな成功を目指しているのでしょうか。

商売で独立したい人、会社で望む地位を得たい人、政治家を目指す人、TVタレントになりたい人、小説家になりたい人など、いろいろあるでしょう。

しかし、どんな目標を目指すにしろ、自分の心に何度も問いかけて、自分はこれに人生を賭けるのだ、という強い決意にまでボルテージを高めること。そうしなければ、必ず挫折します。

さて、大きな目標が決まったら、次は、それをいくつかの小さな目標に分けていきます。たとえば俳優になると目的を決めても、そこに至る道筋はいく通りもあります。大目標に近づくためには、それなりの手順を踏まなければなりません。そのために、願望達成のシナリオを練るのです。今日の、今週の、今月の、一年後の、三年後の、という具合にです。

このシナリオを具体的、かつ詳細に描けば描くほど、目標実現の可能性が高くなってくるのです。

目標必達のシナリオを描く

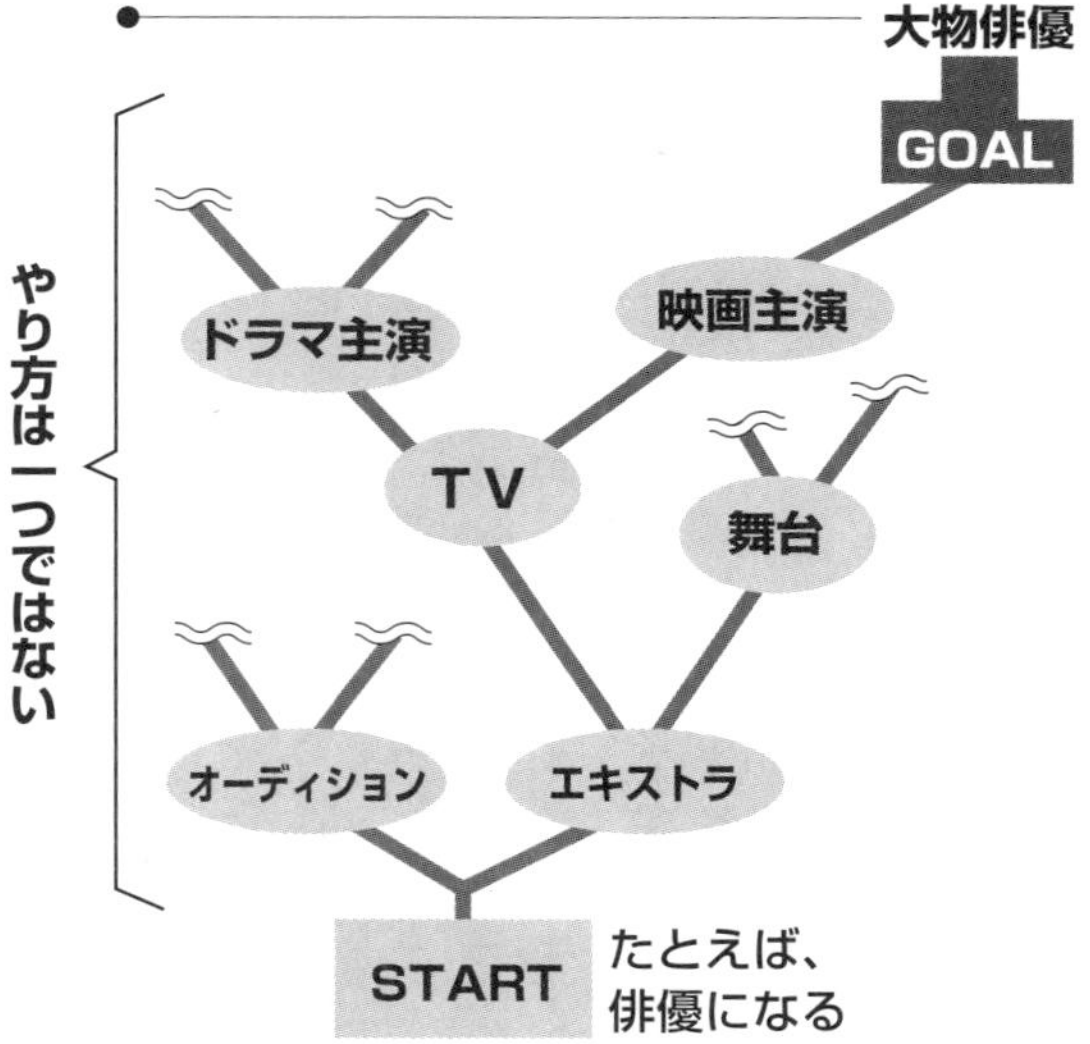

シナリオは具体的であるほど、夢実現へ加速がつく

マーフィーの言葉

人生が自分の思い通りにならないと思っている人は、自らが思い通りにならないことを望んでいるのです。

46 「目標」と「達成期日」はワンセットで設定する

今見てきたように成功のための第一ステップは、まず目標を決めることにあります。

そして、この目標設定と同じくらい重要なのが、いつまでにそれを達成するかの「期日設定」です。目標が大きい場合は、さらに細かい目標設定と達成期日の明確化が必要なのはいうまでもありません。

たとえば、最終的にはネイティブスピーカーと同程度に英語を話すことが目標であっても、最初からそれを望むのは無理に決まっています。少しずつステップ・アップしていくほうが断然ラクに、そして一番早く達成できるのです。

期日の設定にあたっては、「今日はこれだけ進める」「一カ月後にはここまで達成する」。さらに三カ月、六カ月、一年のスパンでスケジュールを設定するのがベストです。それぞれの時点で達成段階をチェックします。

さまざまな障害に阻まれ、達成期日に狂いが生ずることもあるでしょう。しかし、肝心なことは、最終目標を変更しない心構えです。計画の細分化と期日設定を丹念に行ないながら進んでいけば、頂上が近づいてくるのが実感できるでしょう。

目標と達成期日はワンセットで

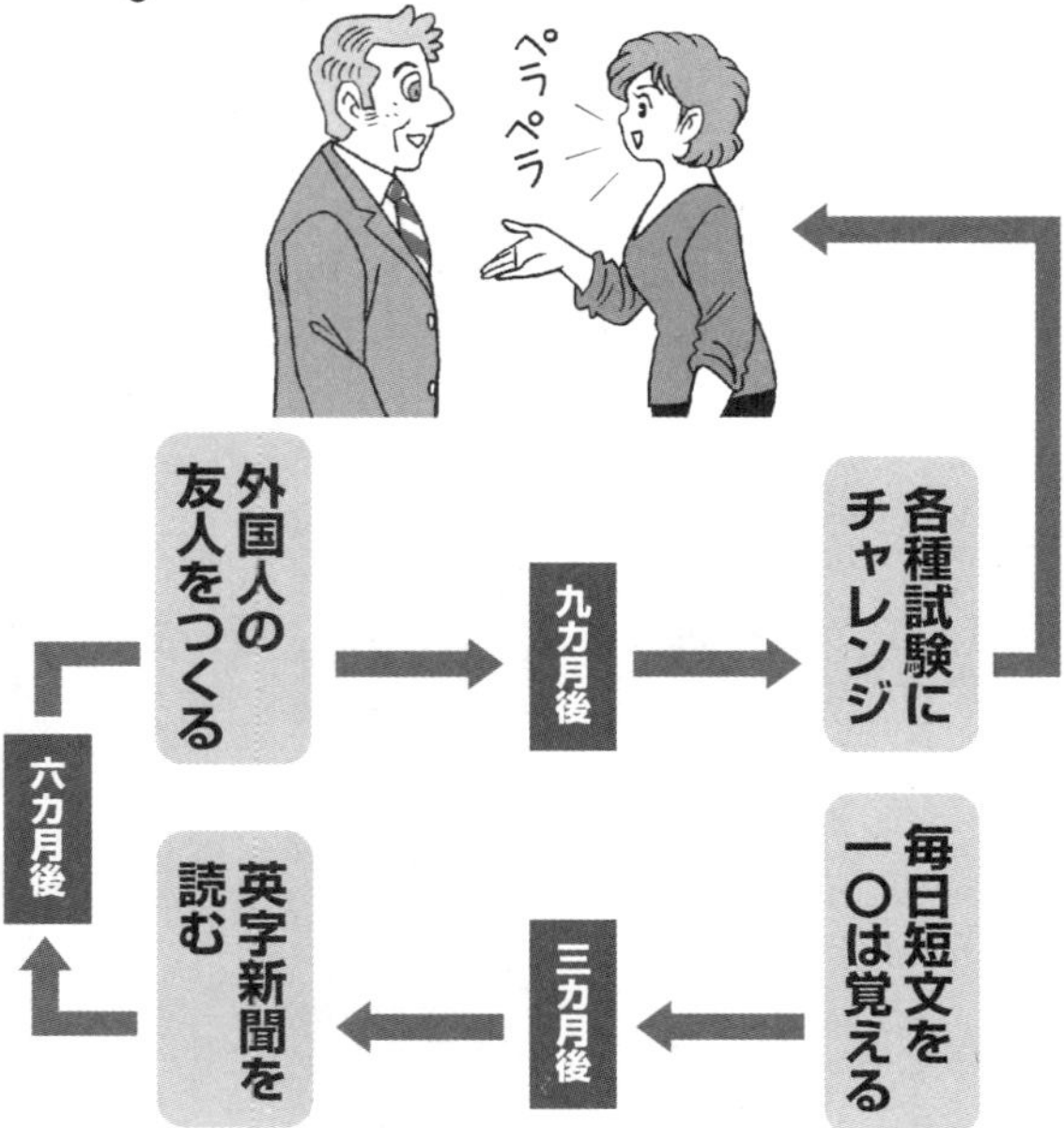

たとえば、英会話をマスターする

マーフィーの言葉

選択したり、決定したりする力は、人間の特性で、最高の特権です。

47 夢に「信念」と「想像力」をプラスしよう

目標の設定が終わったら、一度、それを実現するために必要なものを「紙にリストアップする」ことをおすすめします。

お金、教育、健康、信用、土地、時間、仲間、情報ネットワーク、専門技術……何が必要なのか——リストアップの項目は、多いほうがいいでしょう。抜けているものはないか、何度もチェックし直し、重要性が高い順に番号をつけていきます。最後に何がなんでも必要なものを一つ選び、選んだらすぐに実行に移すことです。

一カ月先、半年先ではダメです。「すぐに」が潜在意識を効果的に動かすのです。

そして、**目標の実行にあたって、がぜん存在感を増してくるのが想像力と信念です。**

どんな項目に着手するにしろ、具体化にあたってはその状況を想像しなければなりません。人は心で思い描いたことを実現する〝習性〟があるからで、達成状況を明るく強く思い描く想像力が驚異的な力を発揮してくれるに違いありません。

信念はさまざまな障害にぶつかったとき、必ず必要とされるでしょう。**目標の実現に想像力と信念を注入できれば、困難に立ち向かうやる気がわいてくるものです。**

この2つの力が、夢実現を加速させる

マーフィーの言葉

つねに思考し、行動しなさい。思考と体験が一致すると、信念が生まれます。

48 「能力不足」を言い訳にしない!

多くの人びとは、自分がどこへ行こうか決断できないで苦しんでいます。

そして決断できない言い訳として、能力不足を理由に挙げるのです。

しかし、**覚えておいてください。能力不足を理由に決断を延ばすことは説得力を持ちません。なぜならば人間は、自分の力が本当に及ばないものに対しては、心が欲しないように生まれついているからです。**これは真理です。

心のどこかで「ああなれたらいいな」と思うこと自体、その目標を達成できる能力が備わっているのだと断言できます。そして、あなたには、無限の力を秘めた潜在意識という強力な味方があるのです。

願望の設定にあたっては、あなたが一番手に入れたいものを一つだけ決めることです。あなたが望むすべての目標をピックアップし、最も要求度の高いものを一つ選べばいいのです。一度に一つがベストであり、原則です。

こうして目標の選定が終わったら、必ず達成できると信じることです。そして、一つの目標が達成できたなら、次の目標へアタックすればいいのです。

なぜ「できない理由」を探すのか

〈願　望〉

「ああなれたらいいな」
「こんなふうにしたい」

↓

人間は、「本当にできないこと」は
心が欲しないように
生まれついている

↓

「能力不足」を
言い訳にすることはできない

マーフィーの言葉

どんな質問に対する答えも、あなたが尋ねる前に、あなたのなかにあります。

49 「執念」と「集中力」が夢実現への近道！

「執念」という言葉を聞くと、何やらおどろおどろしい感じもしますが、「一つのことに執着する気持ち」ととらえると積極的な心と考えられます。

仕事でも何でもそうですが、目標を立てたら、執念を持って成し遂げることです。物事をあやふやにせず誠意を持って事に当たる、メリハリをつけて進行する、こうした心構えが必要とされます。そして、一つのことを完遂するにはわきめもふらない〝集中力〟が必要とされます。あれもこれもと気が散っては目標は達成できません。一年間で一〇〇万円を蓄えるという目標でもいい、とにかく身近な夢を持つことです。

夢を持った人の生活は生き生きとして正常で、夢を捨てた人の生活はどこか弱々しく不安定です。夢の実現にまっしぐらに努力するあなたの生き方は、必然的に、愛すること、喜び、勇気、勢いといったプラスの感情、エネルギーで満たされます。そして、この夢の実現に必要なものは、なんといっても「執念」と「集中力」です。

とにかく、自分はなにがあっても、この夢を実現するのだ、という強い意志力を持つことです。

もっと集中力を持て、執念を持て

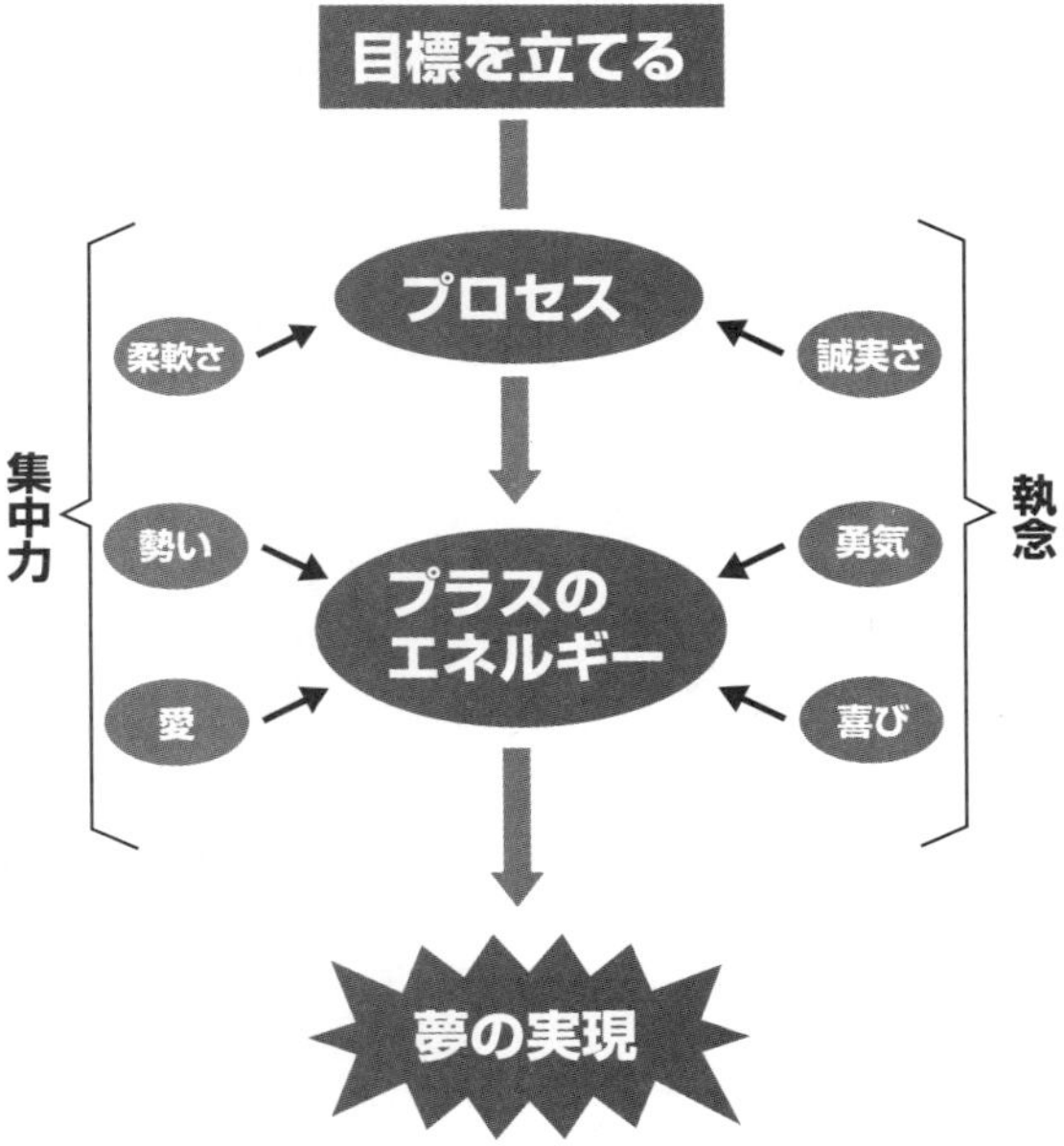

マーフィーの言葉

この世の愛し合う人びとは、精神感応で交信し合うことができます。

50 目標を途中で変更したくなったら……？

人生では最初に立てた目標を、途中で変更したくなる場合もあるものです。若いときに立てた目標が実社会に出てみたら、色あせて見えることもあるでしょう。

しかし、一つ注意しなければならないのは、その目標がコロコロ変わるという状態です。そのときは、情緒不安定とか自信喪失、優柔不断など、心のどこかに問題があると考えるべきです。

そんな場合は、もう一度、現在の自分の考え方、置かれている立場、将来どうしたいのかなど根本的に考え直したほうがよいでしょう。

そうでない限り、人生をリセットして、改めて本当にやりたいことに邁進《まいしん》するのが一番です。ただし、**目標を変更することにはロスとリスクがつきまとうことを覚悟しなければなりません。ひとたび潜在意識にインプットされた願望をリセットするのは並大抵のことではないのです**。成功までの道のりが長く苦しくもなるでしょう。

その得失を一番実感しているのは、あなた自身です。本当にやりたいことをやるならば、必ずやり遂げるのだと確信してから、リセットボタンを押すことです。

目標を途中で変更したくなったときは

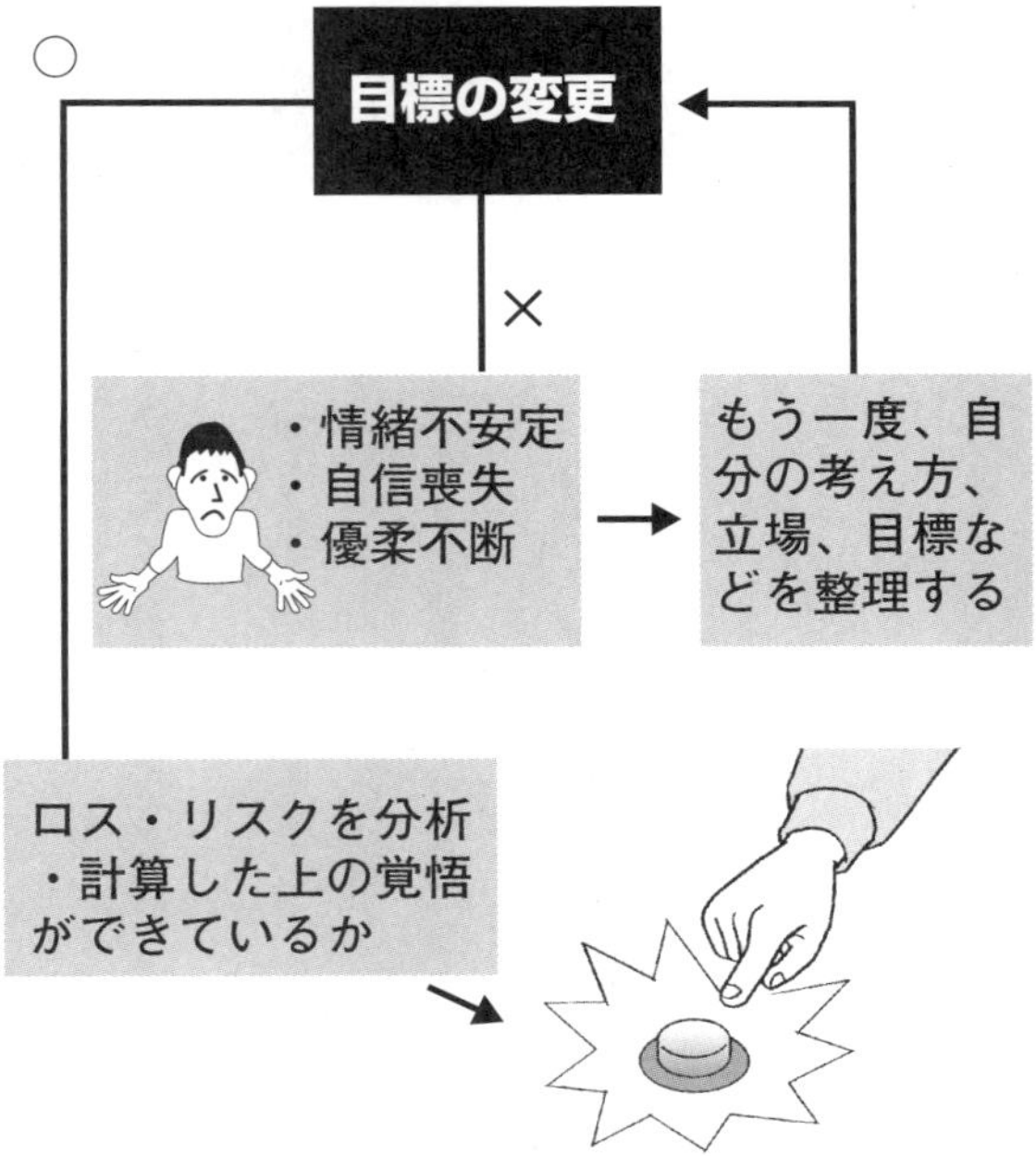

マーフィーの言葉

失敗や不安の考えが生じたときは、ただちに成功と富のアイデアに置き換えなさい。

51 ストレスに強い人、弱い人の差

元気のある人はストレスに強い人ともいえます。その元になるものには二種あるのです。一つはその人の持つ内的なものです。達成感や自信など、その人の性格に起因するもので、生きがいとか働きがい、希望などの価値観です。二つ目は信頼できる人や愛する人などがいて、趣味や金銭面も充実している外的な安定感です。

ストレスに強い人というのは、プラスの要因を数多く身につけた「打たれ強い人」のことです。会社などで上司からキツイことをいわれても、自分の中で解消し、マイナス面をいつまでも引きずらず、その場やその日のうちに立ち直れるのです。

反対にストレスに弱い人、つまり「打たれ弱い人」は、叱った側がたいしたことではないと思っていても、本人は叱られたことが引き金になってうつ状態に陥ってしまいます。こういう人には共通項があって、自分で抱え込んで処理しようとして、ほかの人に相談しない。そしてさらに抱え込む、という悪循環にはまってしまうのです。

こういうタイプの人は、まず外（会社）に対してオープンになることです。身近な信頼できる人に相談すること。このことが、元気が出る人への第一歩なのです。

もっと「打たれ強い人」になれ

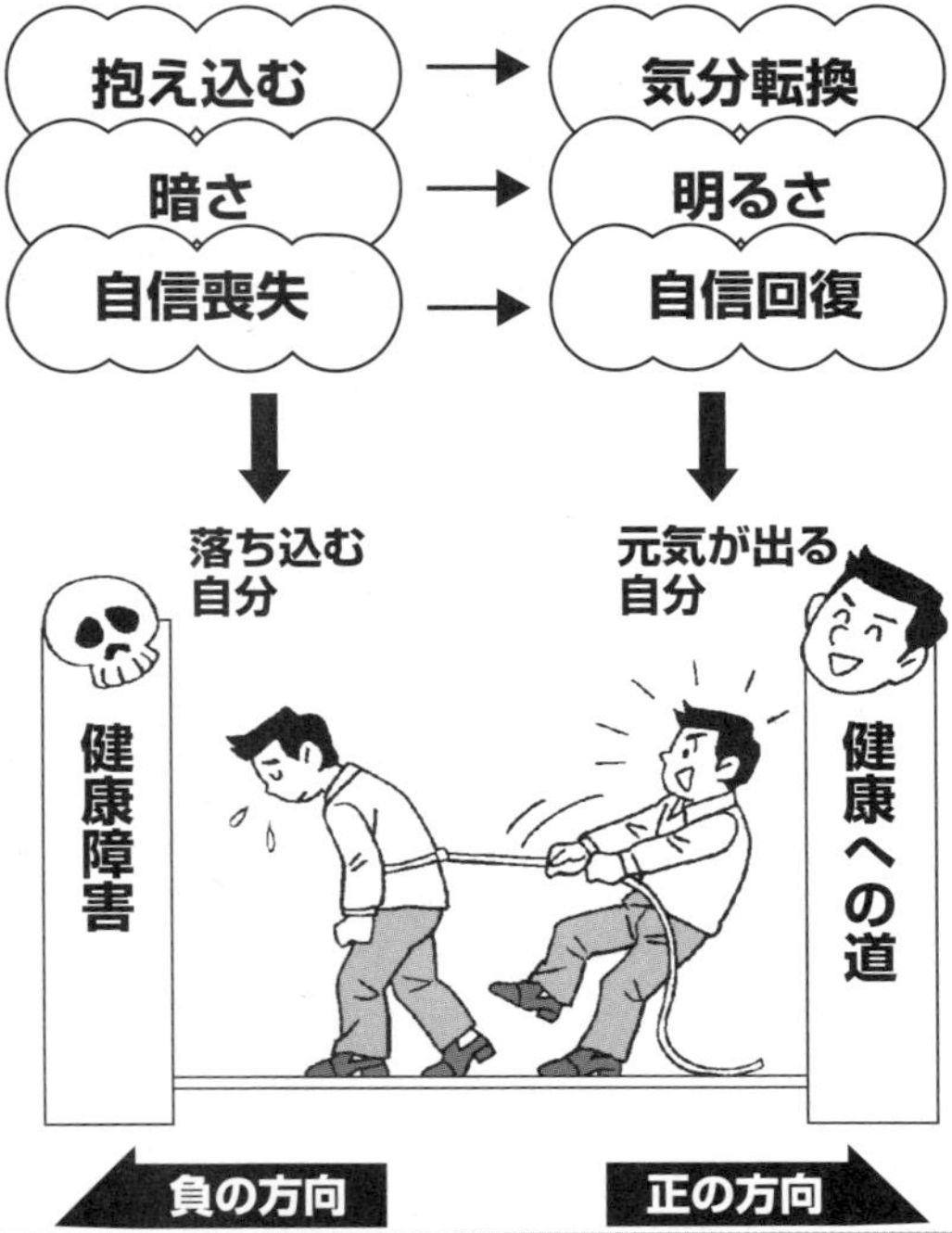

マーフィーの言葉

意識がより高い次元に達したとき、あなたはいかなる災害にも傷つくことはありません。

52 “ほんの少しの勇気”だけでいいのです！

人は誰でも青春の一時期、好きになった異性に声がかけられず、悩んだ体験があるのではないでしょうか。

なぜ声がかけられないのかといえば、断られるのが恐いからです。つまり、失敗を恐れて冒険することができなかったということです。

青春の甘い思い出に限っていえば、それはそれでよいでしょう。しかし、人生上のさまざまな局面では、そうはいっていられません。ほんの少しの勇気を出すことで、驚くほどの知識、物、力を獲得できるのですから。

アメリカの思想家エマースンはいっています。

「勇気こそあらゆるものに新しい姿・形を与えるものである。意を決した人間は、しっかりした発言と意欲の力で、挫折をけ散らし、征服に向かって歩き始める」

意欲、知恵、行動、発言の力を振り絞り、勇気を持ってことにあたらなければ、欲しいものは手に入りません。内気、自意識、過去の失敗という心の中の障壁は誰にでもあるのです。だからこそ、その壁を破った人に、成功の女神は微笑むのです。

この４つの勇気が、あなたを変える

マーフィーの言葉

人生の選択で、学校や職場などの外的な選択よりも、心で行なわれる内的選択のほうが決定的に重要です。

53 「心の安定」なくして、成功はありません

真の成功者になるには、心の安定感が保たれて初めて可能になるということを認識すべきでしょう。突然、どんな風に環境が変化しようとも、精神的、感情的統制がしっかりでき、心の平常が保持できる状態にあることです。

あなたは、人生という広い大洋の真ん中に浮かんでいます。大波がいつあなたを飲み込もうとするかもしれません。そのなかであなたは生き、動き、生活していくのです。しかし、どんな悲劇的な状況に遭遇しようとも、あなたは潜在意識を通して無限の力と交信できるのだという事実を忘れてはいけません。

無限の力は全知全能ですから、もしあなたが考え方や感じ方をこの力と同一化するならば、あなたは自分が思っているよりずっと力強くなれるのです。無限の力は外からくる何ものにも傷つけられず、何ものにも負けないのだということをよく覚えておいてください。

こういう心構えになれば、あなたは何ものにも動かされない安定感と、安らぎを持って人生を送ることができるのです。

成功者の精神メカニズムとは？

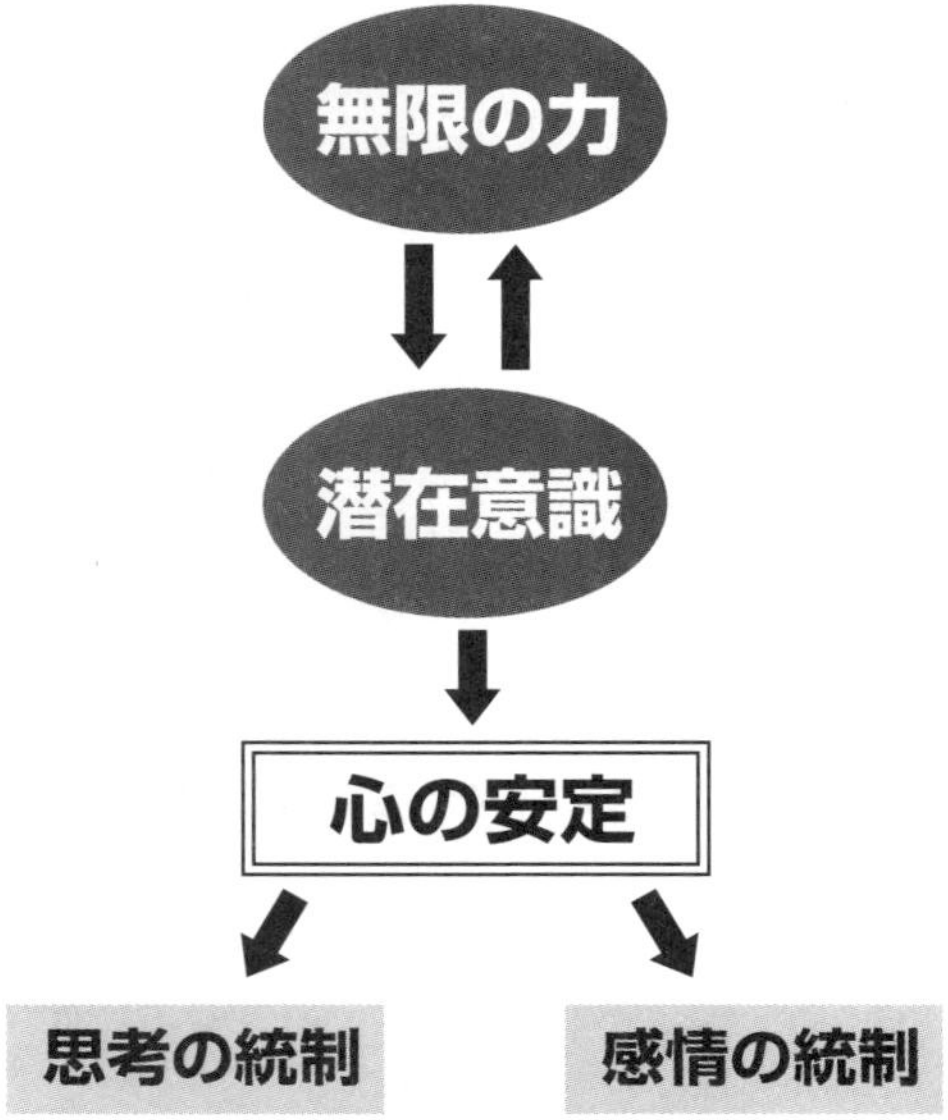

**無限の力と一体化すれば、
心の安定が手に入る**

マーフィーの言葉

静寂は心の安息です。それによって私たちは気を養い、新たな活力と強さを得ます。

54 「メンター」を持とう

積極的人間を仲間にする方法に触れておきましょう。それは日ごろあなたが尊敬し、あんな風になれたらいいなあ、と思う人物を空想劇場に登場させることです。

こうした偉大な人物を思い浮かべ、この人ならどんな手段で問題を解決するだろう、と空想上の対話をするのです。もちろん、相談相手は、実生活で交際している有力者でかまわないのはいうまでもありません。しかし、**歴史上には数え切れないほど優秀で有力な人材があふれています。現実の限られた交際範囲から離れて、広く相談相手を求めれば、人間的にも幅と深みが増すに違いありません。**

たとえば、徳川家康でも、西郷隆盛でも、ナポレオンでもエジソンでも誰でもいいでしょう。歴史上で傑出した働きをした人物は、積極的な精神の持ち主ばかりです。偉業を成し遂げるにあたっては、必ず胸を熱くするエピソードの二つや三つはあるものです。消極的人物の毒気にあてられ、くじけそうになったときは、そんな彼らと対話をしつつ、一緒に困難に耐え、知恵を絞るとよいでしょう。

悩んだ時に歴史的偉人の知恵を借りる

少し気分転換してリラックスしなさいよ
上司の信頼の厚い○○氏の力を借りればいい
心をもっと開いて話し合えばわかりあえる

たとえば、上司との折り合いが悪く、悩んでいる

マーフィーの言葉

あなたを凡庸な頭の弱い者として抑えておく残酷な運命などありません。あなたの心の底に蘭の花（美しい考え）を植えなさい。

55 マーフィーが教える「絶対間違わない」決断術

多くの場合、たとえば金銭的に恵まれる、恵まれないといった図式を、さまざまな外的要因によるものと考えがちです。景気がいいので儲かったとか、時流に合った商品だから売れたという具合です。

しかし、こうした考えとはもう訣別したほうがよいのです。なぜならば、何度もいってきたように、富と貧困、成功と失敗の発端は、外的状況にあるのではなく、あなたの心の中にあるからです。**富や成功を勝ち取るチャンスは、偶然から生まれるものではありません。あなた自身がつくりだす「決断」があなたを成功に導いてくれるのです。**

ではどんな「決断」をすればよいのでしょうか。それは無限の富や英知は、あなたの中にあると信じ切ることにあるのです。その上で下す決断は、あなたを必ずよい方向に向けてくれます。この世の本当の富は、あなたの潜在意識の深いところにあり、そこから無限の富を引き出すことができるのです。

景気がよくても儲からない人もいます。時流に合った商品は潜在意識の助けを借りてつくった商品だからこそ、時流に合ったのだと考えたらよいでしょう。

あなたの決断力を高めるヒント

マーフィーの言葉

もっと大胆に、自分は金持ちになる権利があるのだと確信しなさい。心の深層はその断言に報いてくれます。

56 一流の勝負師が「九勝六敗」を目指すワケ

『麻雀放浪記』の原作者・阿佐田哲也さんが本名（色川武大）で書いた、芥川賞受賞作『怪しい来客簿』にこうあります。

「プロは一生を通じて仕事でメシが食えなくちゃならない。だから、プロの基本的フォームは持続が軸であるべきだ」

勝負ごとで派手に大勝ちを続け、皆から一目置かれている人がいます。しかし、そういう人は得てして、その時期強いだけで、一生続くとは限らないと指摘します。全勝に近い成績をあげている場合は、基本的フォーム以外の運を大きく使い過ぎてしまっているからです。

ばくち打ちも、ばくちだけ打っているわけではなく、個人生活もあるわけです。**ばくちで勝ち続けても健康を害したり、心にいつも不安を抱え、人格破綻にでも陥ったなら大負けしたも同然。**そして、すべての人は同じ運を持ち合わせているとして、**一目おかなければならない強い相手は、常に九勝六敗ぐらいの星をいつもあげている人**だといいます。たいへん含蓄のある言葉です。

ツキが持続する人、持続しない人

今日はツイてるけど、
勝ちすぎないようにしよう

おぉっ、今日はなんてツイているんだ!!
もっといってしまえ！

一定の調子を保ち、
常に平均以上に勝つ

↓

ツキが持続する

好不調の波が激しい

↓

ツキが持続しない

マーフィーの言葉

心の平和なくして成功はあり得ません。成功したいと思ったら、心の平和を保つようにすることが大切です。

57 ぐっすり眠って、精神のパワーチャージを！

「体内時計」という言葉をご存知でしょうか。簡単にいえば、生命を維持する生体リズムのこと。人間は太陽の動きや地球の自転などの影響を受けて生活しているため、自然に脳の中にプログラミングされたリズムが、「体内時計」というわけです。

そのプログラムとはどんなものか、一日の流れを追ってみましょう。

まず夜明けとともに自律神経のなかで、交感神経が活動を始めます。交感神経は人間の活動と深い関係があり、血圧や体温が上がり、脈拍も速くなります。つまり活動状態に入ったということです。

この活動がピークを迎えるのはお昼ごろ。このピークから徐々に活動が鈍くなって、午後三時ごろには底を迎えます。その後、夕方から夜間になるにつれ、交感神経に代わって、副交感神経が活動を始めます。副交感神経は休息と栄養摂取に関係があり、ここから「眠れ」のサインが出されます。就寝によって、体温と血圧は徐々に低下し、明け方三時に最底になるのです。「体内時計」のリズムからいっても、早朝から午前中にかけた時間を有効に使うのは、理にかなっているのです。

「体内時計」のリズムを有効活用する

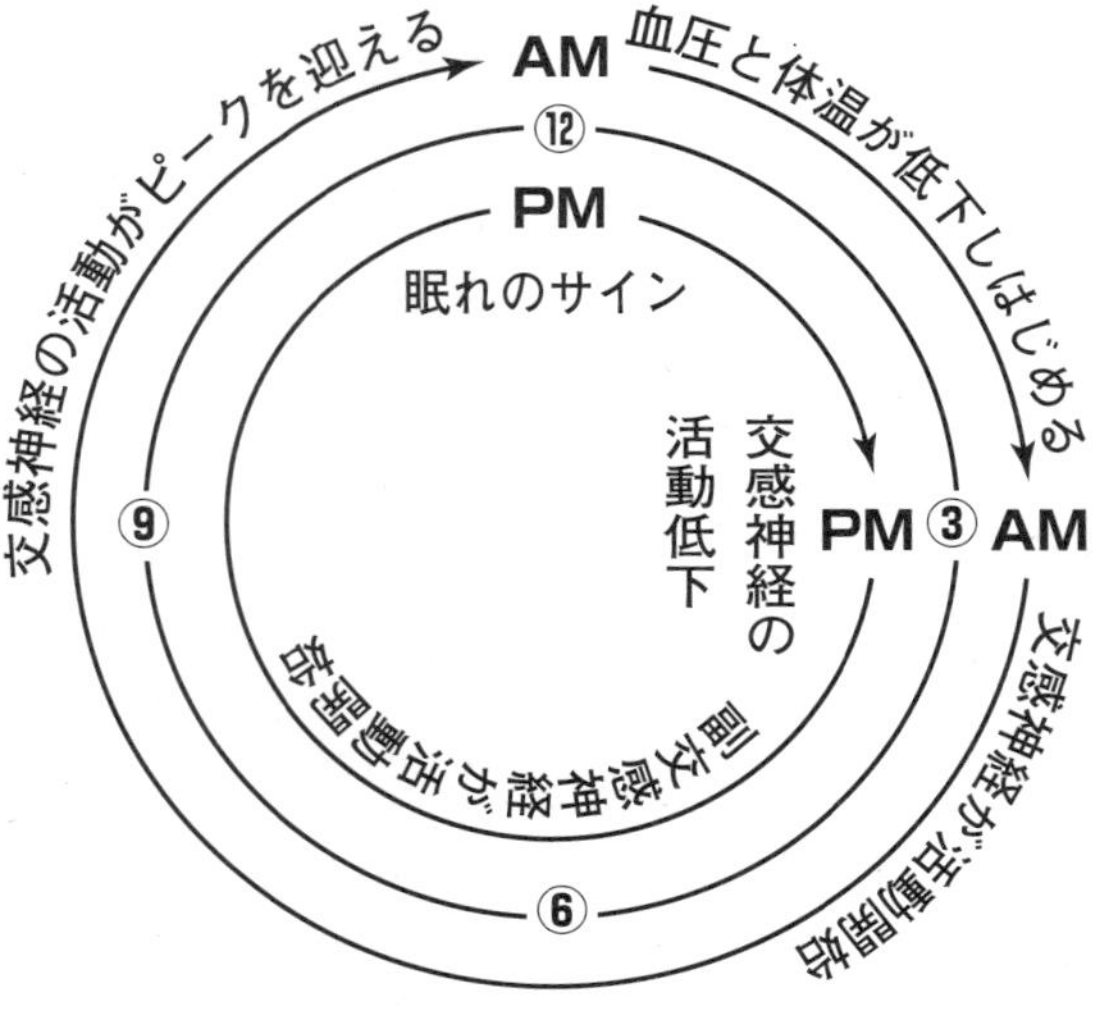

「朝型人間」を目指せ

マーフィーの言葉

あなたは睡眠中に精神的な充電をしているのです。

58 「朝を制する者は一日を制する」法則

一日が二四時間であることは、人間誰しも同じです。そのせいか、朝から夜まで同じ時間が流れていると考えがちですが、これは正しくありません。

前項でも述べたように、朝は交感神経が活発に働き、生気にあふれています。森羅万象すべての生命がみずみずしく、潑剌《はつらつ》としています。この活力にあふれた朝の時間を有効に使わない手はありません。日本では昔から「早起きは三文の得」といい、早起きを奨励しているのはそのためです。

日本だけではありません。アメリカのビジネスマンも早起きがトレンドです。マイクロソフトを育てあげたビル・ゲイツを始め、有能なビジネスマンは早起きし、早朝会議やミーティング、商談、体力づくりなどに励んでいます。

マーフィー博士がいうように、人は睡眠中に精神的パワーを充電しています。**早朝は脳がよく働き、創造的な仕事や込み入った神経を使う仕事に適しているのです。朝から午前中にかけ、いかに能率よく仕事をこなすかで、一日の勝負が決まります。**

朝を制するものは、人生を制するといっても過言ではないのです。

成功者に「朝型人間」が多い理由

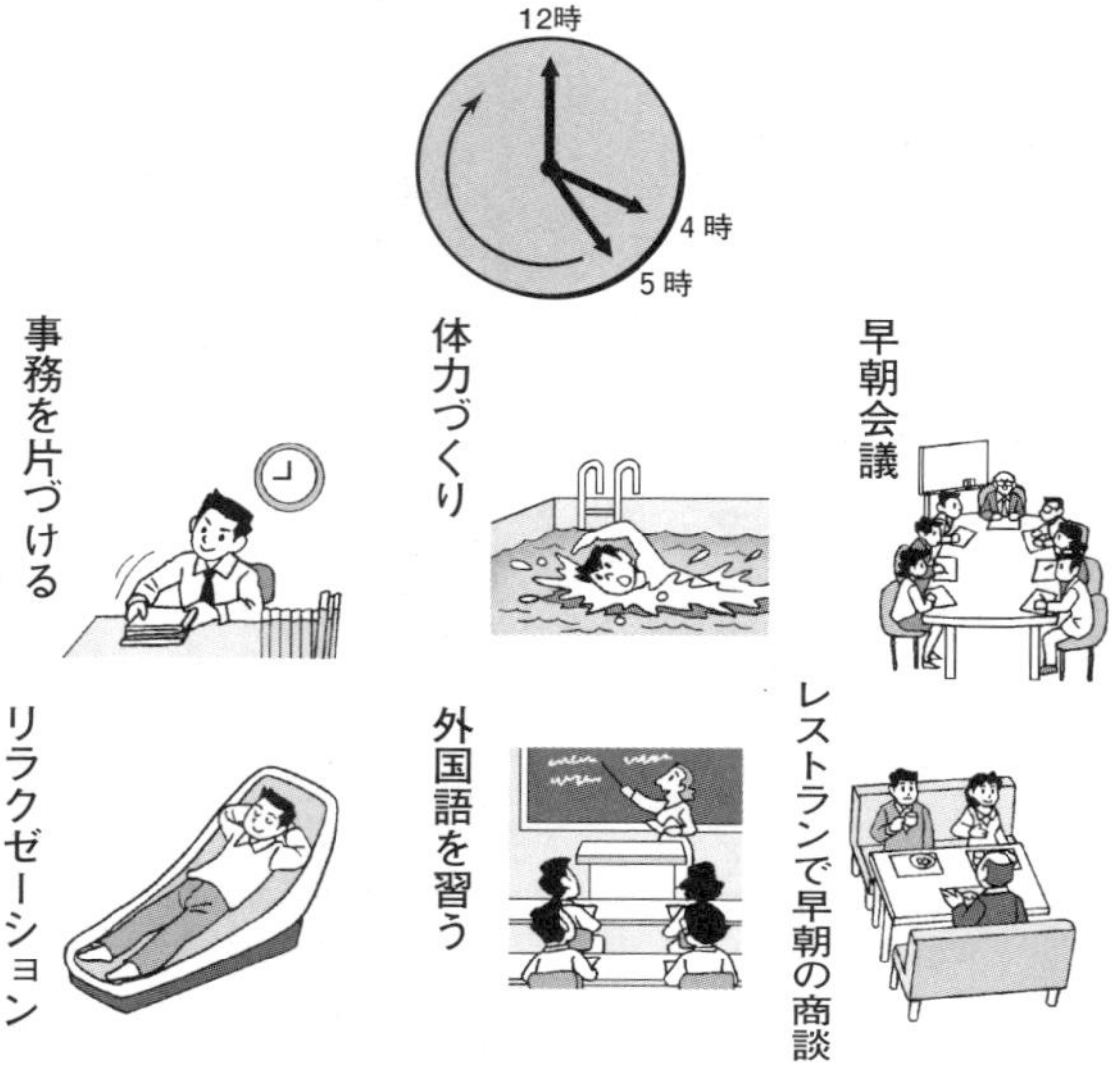

早朝から午前中の時間管理で勝負が決まる

マーフィーの言葉

「答え」という言葉を寝る前に口の中で繰り返しなさい。子守唄のように何回も口ずさむのです。

59 「鏡」を使った、こころの〝簡単セルフケア〟

テレビや舞台、映画に出演する俳優にとって絶対に欠かせないアイテムの一つは、鏡です。メイクアップや衣裳などに乱れがないかチェックするためです。

これは、人生というサクセスストーリーを演じるあなたの場合も同じです。

鏡を見れば、顔の表情とか肌の色ツヤなどで、その日の精神状態がつかめます。**コンディションが悪いときは、ニッコリ微笑むように心がけてください。それだけ？と思うかもしれません。だがお約束します。これを習慣づけると、あなたは感情のコントロールが確実にうまくなります。**

俳優というのは、人間の喜怒哀楽を瞬間的に演技して、私たちを泣いたり、笑ったりの世界へ誘い込みます。しかし、彼らが何を手本に演技を学んでいるかといえば、普通の生身の人間の姿にほかなりません。

鏡と親しむことによって、人間の内面が表情に現れるメカニズムをキャッチできるようになるのです。自分の人生のサクセスストーリーを演じる主人公として、知っておいて損のないテクニックといえるでしょう。

鏡を使って、心の乱れをチェック

顔には「心の状態」が必ず現れる

↓

鏡を見て、笑顔をつくる練習を

↓

鏡ひとつで感情のコントロールは確実にうまくなる

マーフィーの言葉

怒りは鋲《びょう》。生命力や情熱、エネルギーを奪う精神的な毒薬です。

60 心と体の状態は、必ず〝顔〟に現れる

鏡の効用について、もう少し話します。

アメリカの一六代大統領リンカーンは、あるとき、親友から一人の人物をスタッフに採用するよう推薦されました。

しかし、リンカーンはその人物と面談し、顔つきを見て、「人は四〇歳になれば自分の顔に責任がある」といって採用しなかったことは有名です。

洋の東西を問わず、人相はその人の人生が刻まれるものです。日々、鏡と対面し、「人の振り見て我が振り直せ」の心がけで、自分の至らない点を改めるのです。

ある医者はこういっています。

腎臓が弱ってくると、顔の色が黒ずんでくる。肝臓と胆嚢《たんのう》が悪くなると、顔が黄色を帯びてくる。脾《ひ》臓が悪いと青くなり、結核の人は白くなり、心臓が悪いと妙に赤くなります。また顔には精神面、心理面の状態がはっきり出てくるものです。心配ごとが重なると、眉の間にシワがより「深刻」な刻線が現われます。そんなときは、眉の間を開くようにすることです。運命の女神は「深刻」は、好みではありません。

心・体が病むとこうして顔に現れる

	原因		症状
体	腎臓	→	顔が黒ずむ
	肝臓・胆嚢	→	顔が黄色になる
	脾臓	→	顔が青みを帯びる
	肺	→	顔が白くなる
	心臓	→	顔が赤くなる
心	心配・不安	→	眉間に刻線が現れる

マーフィーの言葉

健康が本来の姿であることを信じなさい。あなたの自然治癒力はあなたを本来あるべき姿に戻しくれます。

61 紙一枚でできる「問題解決力」トレーニング

あなたに新しい言葉を紹介しましょう。それはpossibilitizing（ポシビリタイジング）という言葉です。どういう意味かといえば、解決の糸口を見つけるとか、今まで道がなかったところに、一本の道をつくるといったほどの意味合いです。新しい発明につながる研究・開発のプロセスにもあてはまるでしょう。

このポシビリタイジングを実践するにあたって、非常に有効なゲームがあります。難関突破の可能性を探るというゲームです。

まず白紙に一から一〇までの横線を引きましょう。次に心をリラックスさせ、解決不能と思われる難問をクリアするのに役立ちそうなアイデアを思いつくまま一〇項目リストアップするのです。虚心坦懐《きょしんたんかい》となって、どんな突飛で風変わりなアイデアでも、思いつくままメモします。道徳や倫理に反しない限り、なんでもあり、ＯＫです。

こうして紙に書き進めていくうち、何かピンとくるものがあればしめたものです。一回で浮かばなければ、日を改めて再チャレンジします。何度か繰り返すうちきっと問題解決の糸口が見えてくることでしょう。

問題解決力を鍛えるゲーム

1 ○○○×××	1 ○○○○○
2 ○○○△△	2 ×××○
3 △△	3 △△○△
4 ×××○○	4 △○××
5 ○×○×	5 ×○○×
6 △×△×	6 △△×△
7 ××××	7 ○△○△
8 ○×△○×	8 △○×○
9 △△△×	9 ×××
10 ○×△○○	10 ○××○

ゲーム感覚で、心に浮かんだアイデアを書きとめる。このアイデア集が問題解決の糸口になる。

マーフィーの言葉

潜在意識のなかには、透視力や透聴力、そのほか驚異的能力がさまざま内在しています。

62 "うつな気分"を癒す、こんな簡単な方法

人間は弱いもので、仲間の出世が羨しかったり、現在の自分がつまらなく思えたりすることもあるものです。「友がみな、えらく見ゆる日よ……」という気分です。

そんなときは、自分が置かれた状況や自分の理想と現実のギャップなどをじっくり考えてみることです。憂鬱の原因が自分の努力不足、実力不足に根っ子があることもあるのです。一番悪いのは、「内心、それと分かっていながら、深く考えないで憂鬱に陥る」ことです。

憂鬱になったこと自体、優れた才能がある証拠だと、自分を認めてやるのです。そして優秀な人たちは、憂鬱になる回数も多いけれど、そこから脱出することも素早いことを思い出すのです。

憂鬱からの脱出法は簡単です。たとえば、今気がかりな仕事にすぐとりかかり、それを仕上げる。タバコの本数を少なくする。今日はお酒をやめてみる……「今すぐできること」に没頭すれば、憂鬱は軽減されます。

落ち込むことを避けるのではなく、早く立ち直る方法をたくさん覚えることです。

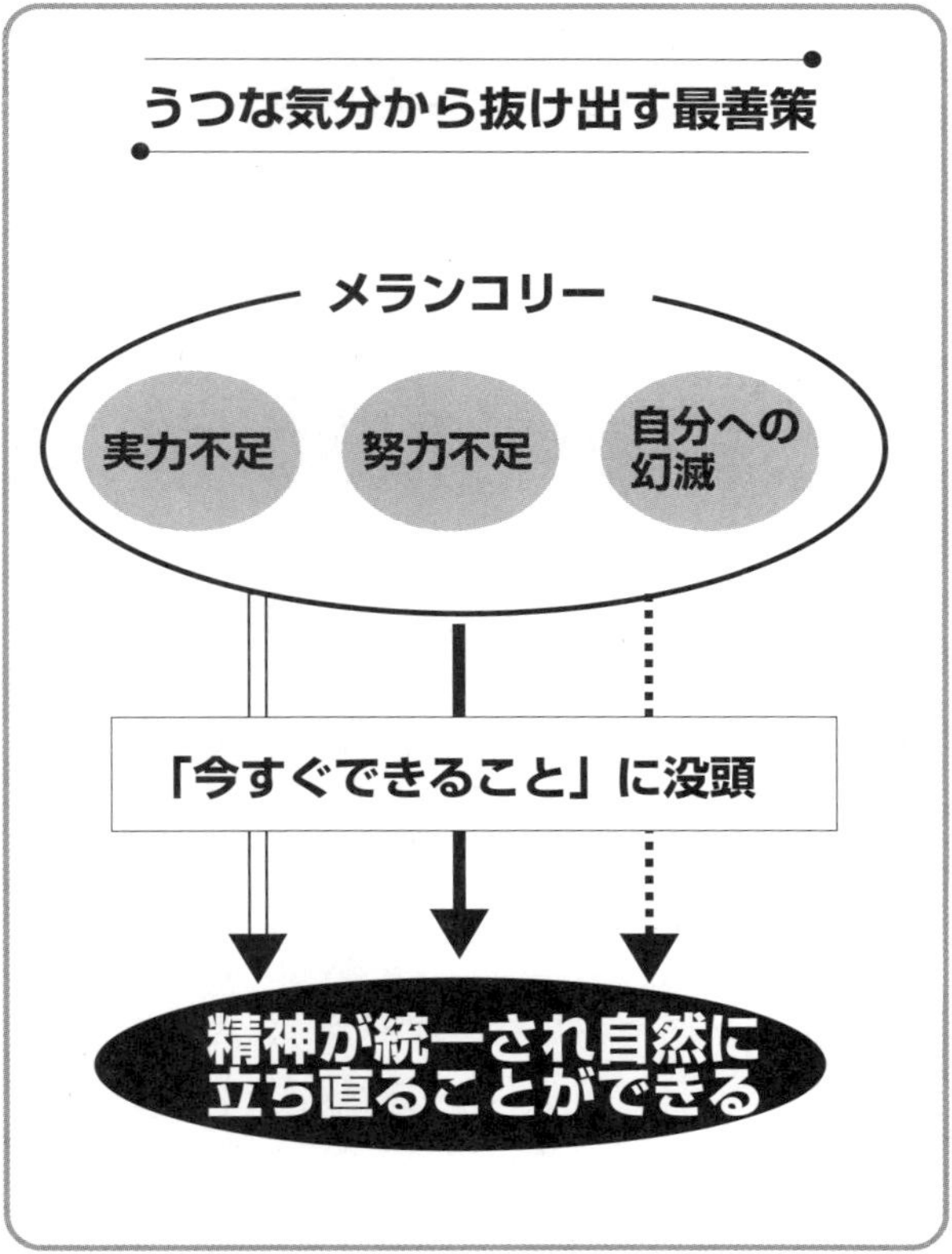

マーフィーの言葉

考えの中に恐れや不安や心配が存在するなら、真の考えとはいえません。

63 〝生きたお金〟は、数倍になって返ってくる！

「敵に塩を送る」という諺《ことわざ》があります。つねに敵対関係にあった上杉謙信が、敵の武田信玄に塩を送ったことで有名になった話です。武田側の領民が塩不足で苦しんでいるのを見て、合戦に勝つことと領民が苦しむこととは別のことと考え、上杉謙信は塩を送ったのです。いかにも上杉謙信のスケールの大きさが光るエピソードです。

人生に勝負を挑み、勝ち抜くなら、これぐらい正々堂々とした人生観、処世観を持ちたいもの。〝生きた金〟を使う勘どころも、これに近いものがあるのです。

では、**生きた金とは、どんなお金のことをいうのでしょう。それは、それを使うことで「相手が成長し、相手から感謝されることであなたの評価が上がる」お金のこと**です。

その反対が〝死に金〟ですが、死に金の例はたくさんあります。たとえば、過剰な接待費とかワイロに相当するお金です。これらのお金は、一時的な効果は望めるかもしれませんが、金の切れ目が縁の切れ目と相場は決まっており、ときには一生を棒にふる一大事にもなりかねないのです。

生きたお金とは？　死んだお金とは？

- 相手が成長する
- 人に感謝される
- 自分の評価が上がる

- ギャンブル
- 過剰な接待費
- ワイロ
- 買い物依存症

etc……

お金を使う勘どころで、
運気・進歩・才能の
レベルが変わる

マーフィーの言葉

他人のことも、宇宙の無限の富を備えた者と認め、彼が向上するのを助けなさい。

64 夢実現には、〝成熟期間〟が必要なことも

「桃、栗三年、柿八年」。これは種子を土にまいてから、果実として収穫できるまでの期間をいった諺です。人間の願望も同じことがいえるようです。

心に植えられたアイデア、思考、イメージ、目的などは潜在意識によって生命と行動力が与えられ、外部へ表出されます。しかし、これには〝一定の期間〟が必要な場合があります。

人間の肉体は約二〇年で成長するとされています。しかし、精神的な面や自我の成長は肉体ほど早くなく、五〇歳でも六〇歳になっても成長し続けます。

多くの場合、五〇歳ぐらいまでは巨大な富を築いたり、さまざまな分野で顕著な成果を達成することができません。もちろん、例外的に若年で頭角を現わす人がいることはいうまでもありませんが、しかし、富を蓄積したり、その道の第一人者になるには主体性や創造力の開発、判断力の育成など、さまざまな自己訓練が不可欠なのです。この自己訓練を経ていない自我は、一時は成功したとしても、危機に直面するともろいのです。だから、目標を達成するまで、まだまだあきらめてはいけません。

夢をあせらない、あきらめない

精神・自我は何歳になっても成長し続ける

潜在意識は、ひとたびつかんだものは二度と失わない

↓

夢・願望がすぐに叶わなくとも決してあきらめないこと

マーフィーの言葉

不可能なことはこの世にありません。不可能が起きるのは不可能だと信じる人がいるからです。

65 あなたもこんな〝ビッグ・トーカー〟になろう

欧米でのビジネス研修会では、ものごとをできるだけ大きく考え、その夢や希望を語らせる訓練が行なわれています。大きく考え、大きく表現できることを、Talk Big（トーク・ビッグ）能力いい、Big Talker（ビッグ・トーカー）であることは重要な能力の一つと見なされています。

日本の場合、戦国の武将や幕末の志士たちを考えてみれば、納得できることです。大言壮語では困りますが、志を大きく持って有言実行することはいつの世でも模範となる生き方といってよいでしょう。

「私の人生はこの程度」「自分の分をわきまえている」と謙遜ばかりするのではなく、ワンランク上、ツーランク上の状態をイメージすることが大切なことなのです。

すぐに叶ってしまう小さな夢だけでは、人は成長していきません。自分の可能性を信じビッグ・トーカーを志していると、その才能を評価してくれる人や、できる人との出会いにも恵まれます。これは、成功するための〝典型パターン〟といえるでしょう。

もっと大きく考え、大きく表現する

謙遜しないで、いつでもランクが上の自分をイメージする

↓

同じように上を目指す人や、大きな人物と出会える

マーフィーの言葉

あなたの言葉は原子力をはるかに越えて強力です。自分の話すことばに感情を込めなさい。

66 世紀の発見をした科学者の〝気づきの法則〟

抗生物質ペニシリンの発見者として知られているスコットランドの細菌学者アレキサンダー・フレミング卿の話です。

彼はある朝、実験室の培養皿の上のバクテリアの周辺の菌が死んでいるのを発見しました。彼はそのカビの一片をつまみあげると、さらに研究しようと、そのカビを空のガラス管に入れたのです。それを見ていた研究者は、「私たちはなにか異常な展開に気づいても、ただ〝面白いな〟と思うだけで、何にもしないのが普通です。しかし、博士はすぐ行動したのです」と述懐しています。

成功する人々は、博士と同じように、小さな変化を見逃しません。なぜなら彼らは、人生には必ず素晴らしい何かが起こるだろうと期待しているからです。

熱意に満ちた人々は、〝習慣的に〟何かよいニュース、アイデア、意気を高める情報はないかと求め、探しています。どんな状況にあっても、「それは役に立つかもしれない」と、ものごとを積極的に見るよう心を訓練しているものなのです。

情報のアンテナを張ることは、潜在意識の英知を引き出すために有効です。

もっと情報のアンテナを鋭くする

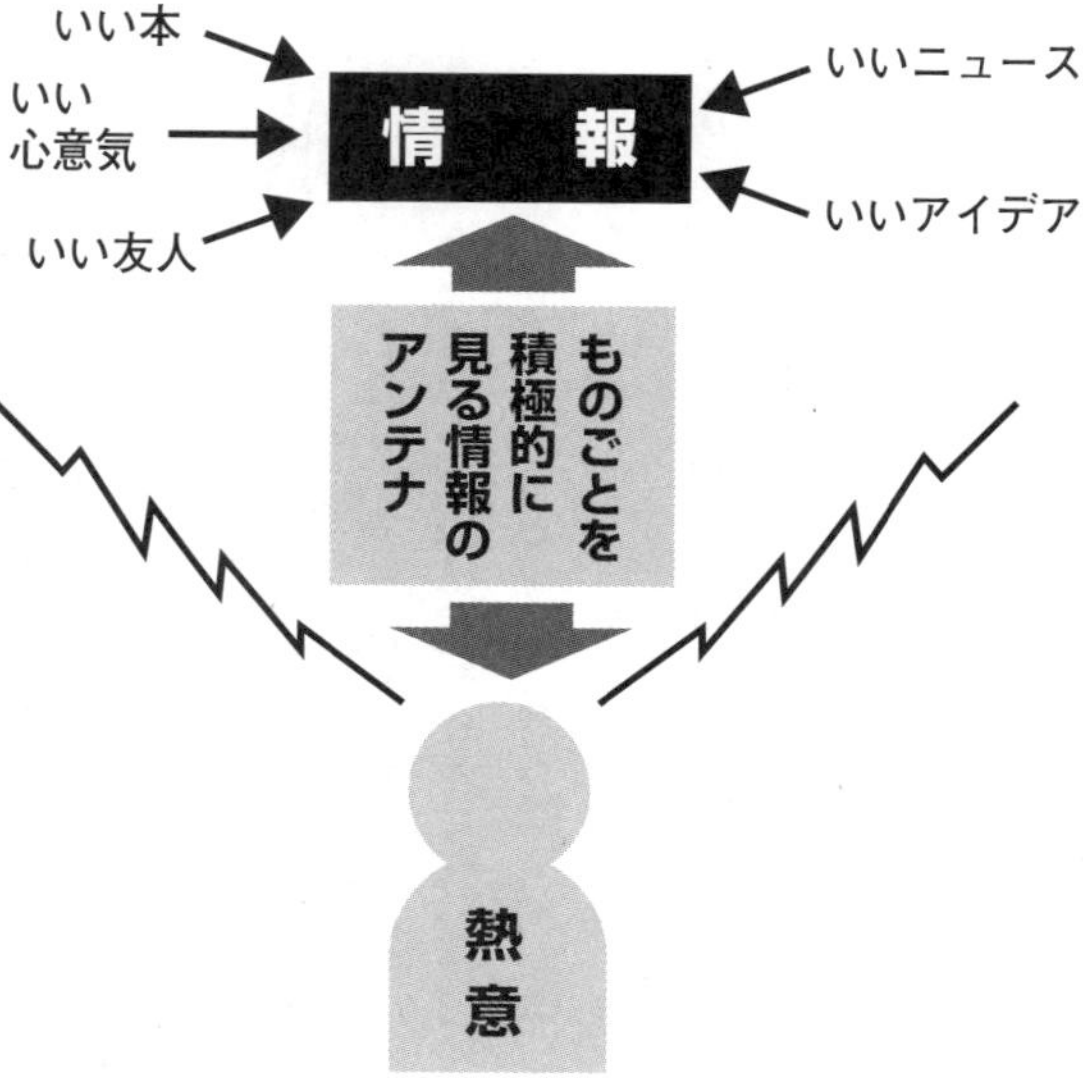

「物事を積極的に見る」意識を持て

マーフィーの言葉

あなたの運命を決めるのは、あなたの心に張られた帆であって、風ではありません。

67 トップ営業マンだけが持つ〝最高の情報〟とは？

保険の業界で、よくオバさん外交員が年間何十億の売り上げで表彰された、などという記事を目にして驚くことがあります。しかし、こうした晴れやかな話題の裏では、大した業績もあげられずに、多くの人たちが職場を去っていることでしょう。

この売れる営業マンと売れない営業マンの差はどこにあるのでしょうか。

営業にとって最も大事な情報の一つは、顧客のナマの声です。その中にはマイナスの情報とプラスの情報が混在しています。できる営業マンは、プラスの情報をいち早くキャッチし、それに基づいてすぐ行動するのです。マイナスの情報は切り捨てる。

売れない営業マンは、プラスの情報とマイナスの情報の区別がつかないで混在した情報に基づいたまま行動するから、大変なムダ、ロスが出る。

売れる営業マンは「生きたナマの情報」をふんだんにファイルにしていますが、売れない営業マンのつかむ情報は「半死状態の情報」なのです。

情報は生きものです。現場の人間のナマの声に耳を傾けてこそ、次に踏み出すステップが決められるのです。

売れる営業マン、売れない営業マン

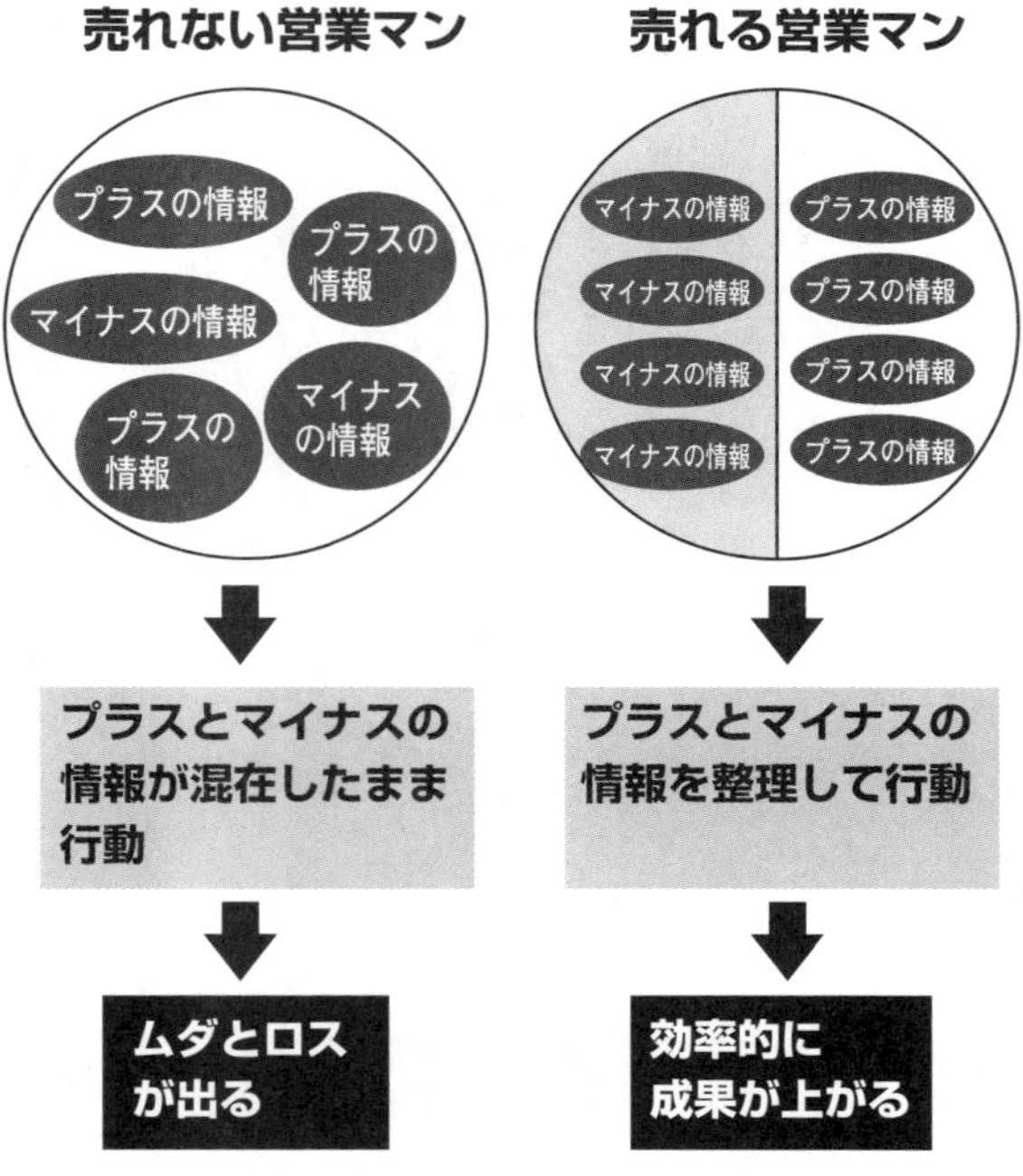

マーフィーの言葉

精神的・物質的富がもたらされる全過程は、感謝という一語に要約されます。

68 「勝つ、勝つと思えば勝つ」

太閤秀吉の言葉に「勝つ、勝つと思えば勝つ」という有名な言葉があります。

これはまさに〝マーフィー的な〟哲学です。勝負は時の運。絶対に勝つという保証はありません。だから勝つべき条件がすべて備わっているから勝ちを確信するわけではないのです。**勝負はハッキリしないが、むしろハッキリしないからこそ、「勝つ」「必ず勝ってやろう」と、心に誓うのが重要なのです。**

事に当たって大切なのは、この心構えといってよいでしょう。もしかしたら負けるのではないか、などと考えることは〝余計なこと〟です。**まず勝利を確信し、その上で、勝つための方策、作戦を練るのが勝負の要諦なのです。**

反対に、勝つか負けるかに心がひっかかったらどうなるでしょう。決して結論が出ないまま、ストレスがたまるに違いありません。未来を一〇〇％予測することなど、神ならぬ身の誰にもできることではありません。

勝ちを信じて真一文字に進んでゆくことです。勝ち負けを越えた行動力は、そうした精神から生まれるのであり、万が一負けた場合も、必ず次の勝利になります。

心に「失敗パターン」を作るな

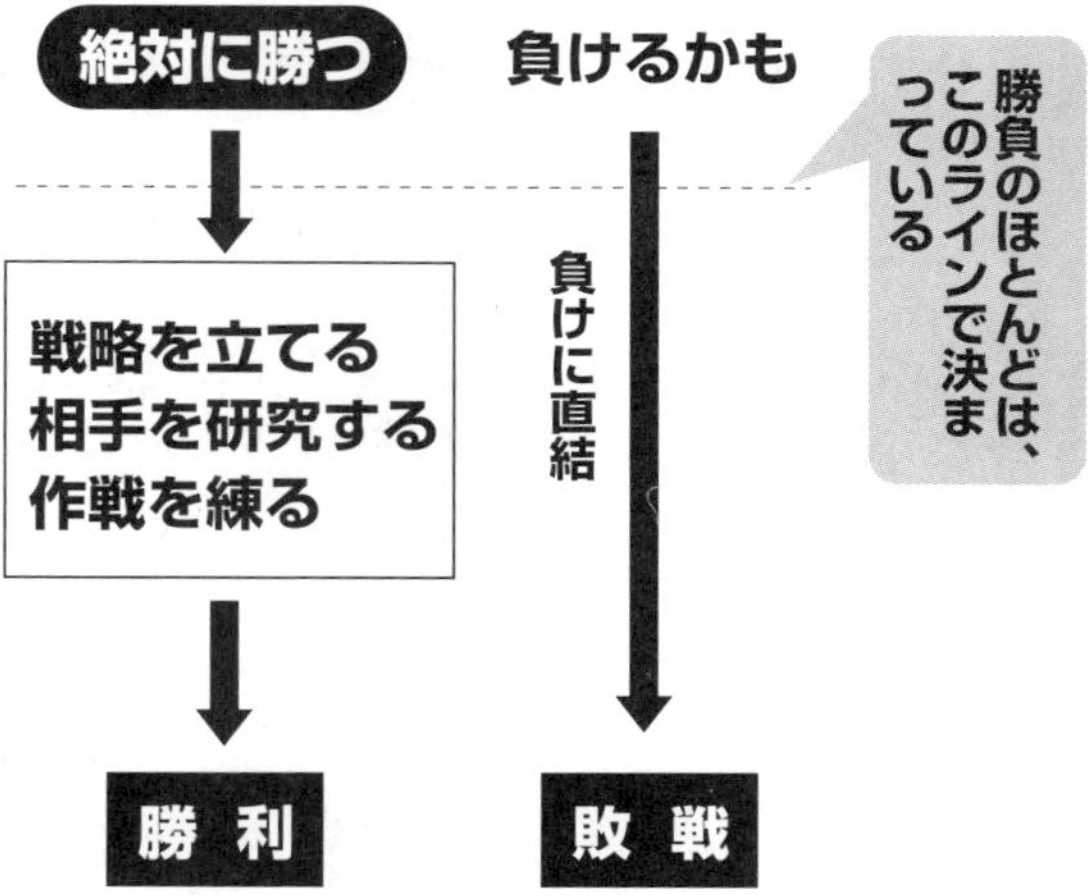

「結論の出ない心配」をするな

マーフィーの言葉

失敗するのではないかという心配が失敗を招きます。必ず成功すると思えば幸運はあなたに微笑みます。

69 「決断に困ったとき」はこう考える

中国では昔から「清規《せいき》」と「陋規《ろうき》」ということを厳しく教えています。「清規」とは、「親に孝行せよ」とか、「人のものを盗むな」とか、「姦淫するな」とかいう一般的で表向きの道徳です。

それに対し、「陋規」は、賄賂には賄賂の取り方があるとか、喧嘩には喧嘩のルールがあるといった、いわば「ダークサイドの道徳」、つまり裏街道の仁義とでもいうべきものです。そして、この陋規が崩れたときこそ、社会は本当に危険になると警告しているのです。

日本の義賊といわれた鼠小僧は、三つの陋規を掲げています。①金を盗られても困らぬ中流以上の家を襲うこと。②放火をしないこと。③女を犯さぬこと。義賊でさえ己を縛るルールを守っていたのです。

では、まっとうな人間が守らなくてはならぬ原理原則とは何でしょう。

明治時代の財界の大御所・渋沢栄一は、「決断に迷ったときは、自分の内なる真・善・美の三つ照らして、自分に恥じない行動をとることが大切だ」といっています。

決断に迷ったときはどうするか

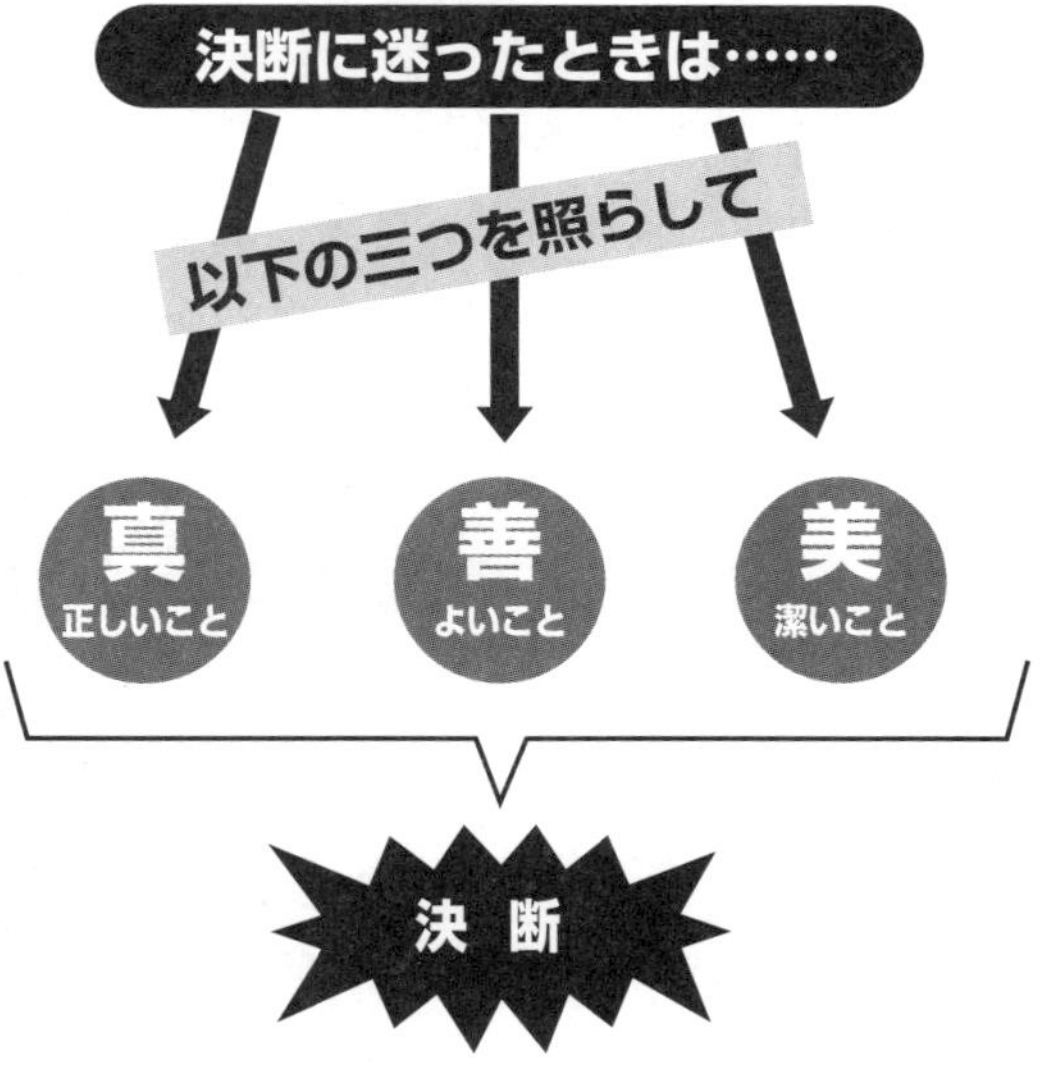

「自分に恥じない」行動をとれ

マーフィーの言葉

あなたの考えは、あなたと無限とをつなぐ鎖です。

70 〝他人の悪口〟は自分にダメージを与える

「あいつはゴマばかりすりやがって」

「自分が少しばかり成績がいいのを鼻にかけて」

他人の批判をする人は多いものです。周囲を見渡せば一人や二人いつも他人の悪口をいっている人がいるでしょう。

こんな人は、多くの場合、精神的に未成熟なのです。

世の中に自分と同じ人間はいるものではありません。だから自分と寸分違わぬ感性や考え方を要求しても所詮無理な話なのです。恋愛を例にとっても、〝アバタもエクボ〟が正しい恋愛の在り方です。人が人を好きになるのは相手の全人格、全体的な印象に惚れることです。相手の全体像に深く心惹かれているため欠点には目が届かないのです。いや、欠点に気づかないというより、欠点があるから好きになるのです。完璧な女性、完璧な男性を探している人は、どこにも存在しない人間を探している幻覚者にすぎないといえるでしょう。

いつも悪口をいっている人は、自分の心を黒雲でおおっているのです。

完璧を求める人は“幻覚者”だ

女優
哲学者
＋
＝？
あなたと私が一緒になったら、きっと素晴らしい肉体と知性を持った子どもが生まれるでしょうね。
いや、私の貧弱な肉体とあなたの少し足りない頭脳を持った子どもが生まれるかもしれませんよ。

マーフィーの言葉

あなたがとがめてよい人は誰もいません。いるとすればそれはあなた自身です。

71 「言葉には必ず表と裏がある」ことを知ろう

人生のすべてのものには表と裏があります。

一面的な見方では本質をつかむことができません。その辺の事情は諺がよく表しています。「稼ぐに追いつく貧乏なし」には、「果報は寝て待て」。「水清ければ魚住まず」には、「よどんだ水はくさる」といった具合です。

ここで大切なのは、一つの諺を言葉の表面つまり文字面だけで受け止めてはいけないということです。それはいったい何をいわんとしているのか、逆のシチュエーションはどうなのかなど、諺が意味する内容を全体的に理解する必要があるということです。そうすればその意味をよく理解できるのです。これは、柔軟思考の一つです。

人生は〝行く川の流れ〟と同じように流転し、人の心も刻々と変化します。一〇分前には上機嫌だったのに、一〇分後には落ち込むこともあるものです。その意味で四六時中、上機嫌ということはあり得ません。無理な話です。

言葉には必ず反語があると考える——これは、言葉の力を知るためのテクニックです。そして、そのうえで、プラス思考でもって諸般に対処することがベストなのです。

柔軟思考を鍛えるトレーニング

果報は寝て待て ⟷ 稼ぎに追いつく貧乏なし

鳶が鷹を生む ⟷ 蛙の子は蛙

下手の道具調べ ⟷ 弘法筆を選ばず

水清ければ魚住まず ⟷ よどんだ水はくさる

↓

「言葉には必ず反語があると考える」
〈柔軟思考のトレーニング〉

マーフィーの言葉

あなたの思想と感情を表わすあなたの言葉は、自分ばかりでなく他人をも癒す力を持っています。

72 〝自分〟を絶対に嫌うな

「人間を堕落に導くもっとも大きな悪魔は自分自身を嫌う心である」

これは文豪ゲーテがいった言葉であり、まさに人間の本質をついた名言といってよいでしょう。物事の達成、成功のさまたげとなるのは能力の欠如ではなく、正しい自画像、つまり「自己に対して抱いているイメージ」に問題があるということです。

心理学の用語では〝自尊心〟といいますが、この自尊心が欠如していると、人間はさまざまな災厄を自ら招いてしまうということです。

では、この自尊心とはどんな心の在り方を指すのでしょう。大きくいえば、自尊心とは自分に備わっている「人生を切り開く能力」と自分の「存在価値」を強く信じる意識といってよいでしょう。

自尊心とは自分の生き方の方向を決める力、生きざまを意識する力であるため、人間のあらゆる活動に大きな影響を及ぼします。

さらにいえば、自尊心はあなたが自分に与える自己評価でもありますから、文豪ゲーテがいったように、自分自身を嫌わぬことが、何にも増して重要な要素なのです。

自分を嫌った分だけ成功は遠ざかる

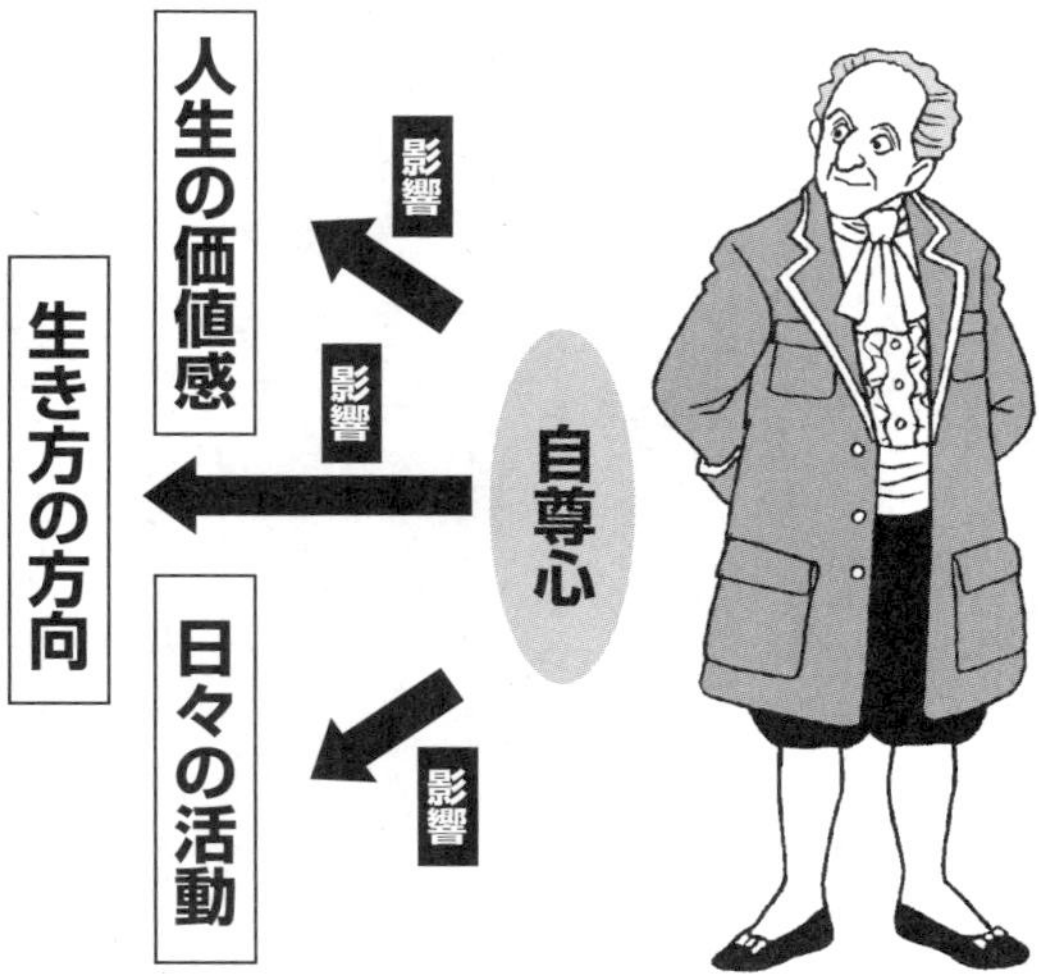

**自尊心は、
人生を切り開く力の源**

マーフィーの言葉

あらゆる自己非難や自己批判は即刻やめなさい。

73 敵意・中傷・妨害に負けない方法

ふだん私たちが何気なく素晴らしい人間だ、魅力的な人だなと感じるのはどんなタイプでしょう。それは、いつも自分自身のビジョンに従って生きようと努力している人ではないでしょうか。

彼らは、他人の賞賛があろうとなかろうと、たとえば他人の敵意や妨害にぶつかったときでさえ、その生き方を変えようとはしません。

人生におけるあらゆる紆余曲折にもくじけることなく、自分の中に存在する何か特別な力を感じ取ってチャレンジを繰り返します——その力の源となっているのが、実は自尊心です。

私たちは自分の心の力と自分の存在価値を信じていれば、どんな困難な状況にも果敢に、根気よく挑戦できるのです。多くの場合、成功裡にその状況を切り抜けることができるでしょう。

一方、自分の心の力も自己の存在価値も信じられなければ、つまり、自尊心が欠如していればそこには失敗が待っているばかりです。

自尊心は自分らしく生きるための源

マーフィーの言葉

あなたを傷つけるのは、他人の言動ではなく、それに対するあなたの反応です。

74 中村天風に学ぶ「奇跡を起こす」人生

中村天風という人物がいます。明治九年生まれで、昭和四三年に九一歳で他界しました。この間、天風師の教えに傾倒した人は、財政界の有力者をはじめ、全国で一〇万人余におよんでいます。

この中村天風師の思想がマーフィー博士の考えととてもよく似ているのです。天風師の数奇な経歴を簡単にたどりながら、その一端を紹介しましょう。

幼少期から手のつけられない武闘派だった天風は、一六歳のとき、国家主義者の大物、玄洋社の頭山満《とうやまみつる》のもとに預けられます。それが機縁で、軍事探偵として中国へ渡り、国家のために生死を賭けた日々を送ります。時にはコサック騎兵に捕らえられ、銃殺寸前に同志の投げた手榴弾で助けられ、九死に一生を得たりします。そんな過酷な生活が続くなか、三〇歳の時に肺結核にかかってしまいます。絶望した天風は、名医を求めてアメリカ、ヨーロッパへの旅に出たのです。

さまざまな名医を訪ねますが、病は治りません。どうせ死ぬなら日本の土の上でと帰路についた途中、ヨガの聖者カリアッパ師と運命的な出会いを果たすのです。

中村天風の経歴

・幼少期は武闘派。
・16歳で玄洋社・頭山満（国家主義者の大物）のもとに。
・軍事探偵として中国へ渡り、生死を賭けた日々を送る。
・30歳の時に肺結核にかかり、名医を求め、アメリカやヨーロッパへ。しかし病は治らず。
・帰路の途中、ヨガの聖者カリアッパ師と運命的な出会いをする。

マーフィーの言葉

人生は考え方次第で明るくも暗くもなります。その選択権はあなたにあるのです。

75 「心構え次第で、肉体は11カ月ごとに一新します」

ヨガの聖地はインドの奥地、カンチェンジュンガ山麓のゴークという村にあります。
ヨガの聖者カリアッパ師に導かれ、この秘地に入った天風は、それから難行苦行の修行を数年間行ないます。

その最初に指摘されたのが、「今までの屁理屈がつまった考えを捨てよ!」ということでした。新しいことを学ぶ場合、既存の知識を捨てないと学習は進まないからです。ある時、カリアッパ師はいいました。

「なぜ暗い顔をしているのかね」

「好きこのんで暗い顔でいるのではありません。病気が治ったら明るい顔になります」

すると聖者はいいました。「病が治らなければ一生、お前は明るくなれないのか。そう考えている限り、お前の病は治ることはあるまい。お前は体が病になったということで、心まで病んでいる。体が病んだとしても、心まで病ます必要はなかろう」

天風は、はっと気づきます。

心を積極的に保つことは、自分の心がけひとつでできるということを。

心の病と体の病の関係

×

体の病

＝

心の病

○

体の病

≠

心の病

体の病の影響が心に及ばぬように注意せよ

マーフィーの言葉

11カ月ごとに肉体は一新します。心を真実で満たしなさい。

76 どんな問題も解決できる〝無限の貯水池〟とは？

中村天風師はいっています。

「あなたの自我の中には、造物主（宇宙霊）の無限の属性が宿っている。どんな人間の生命の中にも、造物主の無限の属性というものが与えられているのである」

こうした個々の人間と造物主の関係を、天風は運河の水と大海の水にたとえています。運河の水だけを考えると、水量はわずかしかありません。しかし、その水が大海につながっていると考えるなら、その水量と水脈は無限であるというわけです。

人間も同じです。**人間を単純に個体として考えるなら、極めて小さい、哀れで貪欲な存在に見えるかもしれません。しかし、人間は心を通じて、生命を通じて造物主とつねに結びついているのです。**

したがって、どんな場合も、造物主と自分の生命の結び目をしっかりと確保することが重要になります。そのためには造物主（宇宙霊）の心と同じ状態で生きることです。造物主の心は絶対に積極的で、創造的で、消極的でないことを悟ることにあります。マーフィー博士の理論となんと似ていることでしょう。

人は誰でも宇宙パワーを使える

中村天風の教え

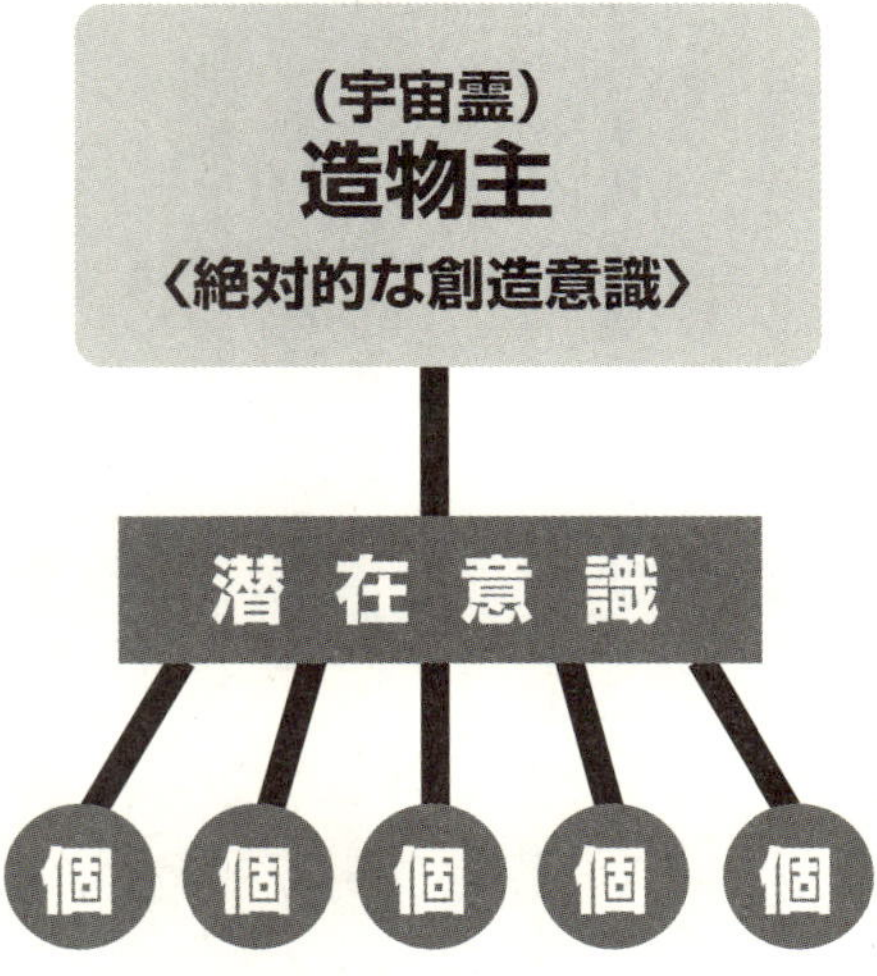

**人は潜在意識を通して
宇宙の意識につながっている**

マーフィーの言葉

人は誰でも、世の中のどんな問題にも打ち勝てる無限の貯水池を持っているものです。

77 あなたが〝知らなかった自分〟を見つけるヒント

あなたは「自分自身」をどれほどよく知っていますか。あなたがよく知っているはずの自分自身が、「ありのままの自分」「裸の自分」であるかどうかということです。

子供のころに、両親や教師などに「ああしなさい」「こうしなさい」と強制されませんでしたか？　そういった環境のために萎縮させられたり、ごまかしていい子を演じたりして形成された、「自分」であるケースもしばしばあるものです。

そんなゆがめられた自分を、本来の自分自身だと思い込んでいたとしたら、どうでしょう。何かをきっかけに、自分でない自分に悩んで突然キレたり、ひきこもったりということが起こります。病気にだってなりかねません。

社会でも同じことです。自分はエリートといわれているが、ほんとうにそうなのだろうか？　逆に、自分はことあるごとにダメ人間のようにいわれているが、ほんとうにダメなのだろうか？　と問うことです。「エリート」といわれれば、そんなことはないよと謙虚になり、「ダメ人間」といわれても、そんなはずはないよと自分の良いところを探すのです。

「本当の自分」をどれだけ知っているか

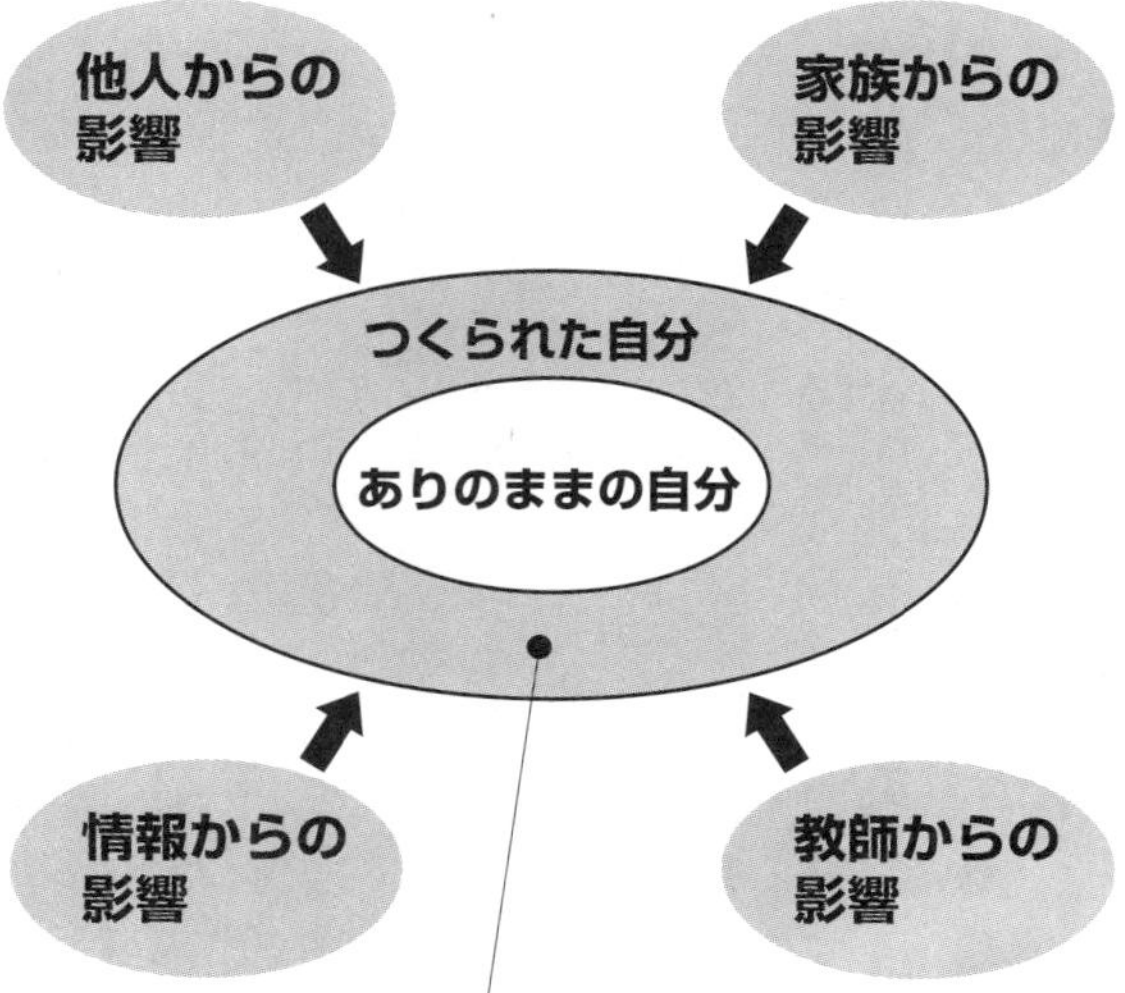

この壁は、今の自分の「価値観」
「評価」「状況」を疑ってみること
で突破できる

マーフィーの言葉

あなた自信を再評価し、新たな輝かしい自分を打ちたてなさい。

78 時間を守る人は、人生がうまくいく

ビジネスにしても、日常生活にしても、きちんと時間を守れる人は少ないものです。なかには約束した時間に現われると平凡な人間に思われるのではないかと、ワザと遅れる人もいますが、これはとんでもない考え違いです。

決めた約束の時間を守るのは当然ですが、同様に自分が決めた時間内に事を運ぶことも重要です。朝五時に起きると決めたら、必ず五時に起床する。三日間でこの仕事をやり遂げようと決めたら、何が何でもそれを実行する。つまり、自分の時間管理を自分でしっかりできるかどうかが、これからの人生を有意義に過ごせるか否かを決定するのです。

一日二四時間という単位は、金持ちであろうがなかろうが、会社の上司だろうが部下であろうが、万人共通に与えられた〝条件〟です。この限られた条件を毎日計算に入れて、やるべきことに従事するのと、ダラダラと無駄に過ごすのとでは、人生の半ばで生き方や生活に大きな差がついてしまいます。

時間厳守――これが富める生活と貧しい生活との分かれ目になります。

時間厳守は、豊かな人生を創る

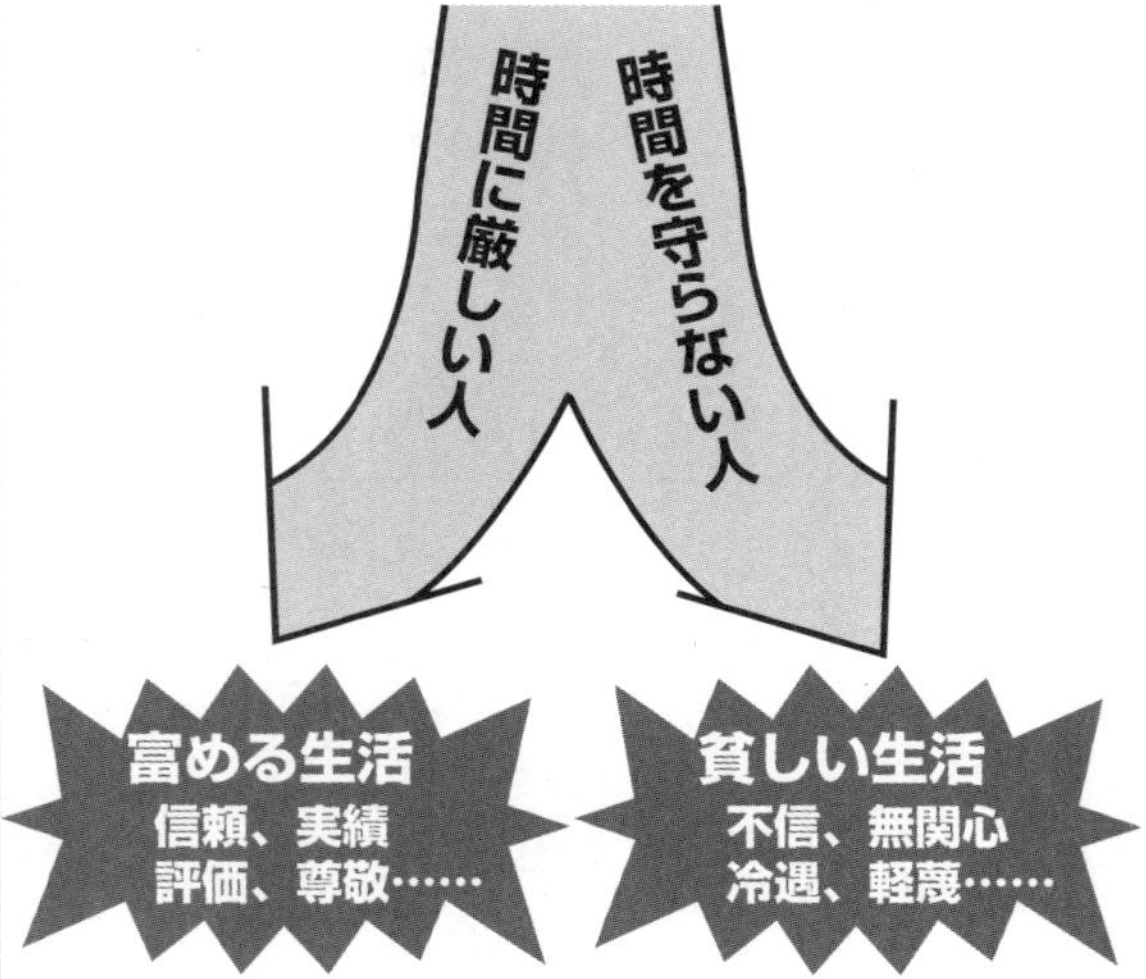

1日24時間という“条件”を
毎日計算に入れて行動せよ

マーフィーの言葉

あなたの精神的な態度は原因となり、体験することは、その結果なのです。

79 「NO」と言える人になろう

『「NO」と言える日本』という本が話題を呼んだことがあります。アメリカの属国のようになって、その要求をはねのけられない日本のふがいなさを嘆いたものです。

確かに「ノー」というには勇気が必要で、勇気を身につけるには信念がなければなりません。ある識者は「悪がこの世にはびこるために必要な条件は、善良な人びとが手をこまねいて何もしないようにすればよい。これにつきる」といっています。まさに至言といえるでしょう。

世間体が悪いから、他人とかかわるとロクなことがないから、上司がいうのだから仕方がない、など「ノー」といいたくてもいえない状況が蔓延しています。多少のことは大目に見るとしても、この世の根源的な悪に対しては、毅然として「ノー!」という勇気を持つことが大切です。さもないと、知らず知らずのうちに、外的な状況にだけでなく、心の中にも横暴な独裁者の存在を許してしまうことになりかねません。それを避けるためにも、日ごろから自分の信念に忠実に生きることが大切なのです。

「ノー」と言う勇気が人生を変える

安易な「イエス」は、人生をコントロール不能にする

マーフィーの言葉

あなたが他人の意見に反射的に同意しているときは、あなたは何も考えてはいないのです。

80 勉強や努力が楽しくなる三つの法則

歴史上には、「不世出の天才」と呼ばれる、秀れた人たちが大勢います。そうした人たちは生まれながらに大変な才能の持ち主で、大した努力をせずとも、天賦の才によって偉業を成しとげたように思われがちです。

しかし、それは早計というものです。

三浦雄一郎というプロスキーヤーがいます。七〇歳でエベレスト登山という、ギネスものの記録を残しました。二六歳で国立大学助手、将来は教授というエリートコースを捨て、スキーでオリンピックを目指しました。しかし、スキー大会の開会式でクレームをつけ、資格を剥奪されアマチュア競技へは出場禁止。その後、世界中を旅して重い荷物をかついで体力をつけ、六五歳になってからエベレストを目指したのです。

天才とはどんな人よりも努力を重ねた者に与えられる称号なのです。ただし、常人と違うのは、努力を楽しんで行なっていることです。「必ずできる」という潜在意識を活用して、この心の切り換えを行なうなら、誰もが天才的能力を発揮できるのです。

努力を楽しむためにはコツが要る

1 知れば知るほど、好きになる法則

2 うまくできるようになればなるほど、面白くなる法則

3 時間や労力を使えば使うほど、喜びも大きくなる法則

努力を楽しむには、よく「研究する」「上達する」「手間ヒマをかける」ことに尽きる

マーフィーの言葉

あなたを凡庸な頭の弱い者として抑えておく残酷な運命などはありません。あなたの心の庭に蘭の花（美しい考え）を植えなさい。

81 ライバルの「短所」ではなく「長所」を研究してみる

勝負に勝つとは、よりよい状態を目指してつねに努力することで、一時的な勝ち負けに一喜一憂することではありません。勝っても負けても、一時的な現象と考えて、つねに平常心で努力を続けることが大切なのです。生涯現役という言葉がありますが、これは、生涯、勝負し続けるということです。

ボクシングを例にとりましょう。

相手がパンチ力で勝っているのなら、パンチ力で相手のレベルに近づくよう研究・努力するのです。目的がしぼれれば練習の仕方もはっきりします。パンチ力の強化を続けながら、同時に、フットワーク、スタミナ、ガードのくせ、ハングリー精神など、できるだけ細部にわたり、自分と相手の能力の差をチェックするのです。こうした研究を土台にして試合に望めば、どんな試合展開になっても、試合そのものから得難い情報をキャッチできるのです。

相手に勝つためには相手の弱点を見つけるだけではなく、相手の〝長所〟をも見つけることだ、というメカニズムを忘れてはなりません。

相手の強さを認めるのが勝利のカギ

たとえばボクシング――
勝負の前に相手を研究

得意分野を見抜く

・パンチ力は？
・ガード力は？
・フットワークは？
・スタミナは？

↓

「弱点」だけではなく「長所」をよく研究する

↓

勝つために何をすべきか、総合的に判断できる

マーフィーの言葉

恐怖は、混乱し、錯乱した想像から起こってきます。

82 人の上に立つ人の「人間的魅力」

成功している人たちの多くは、見るからに人当たりがよさそうで、いつも笑顔を絶やさず、自分に満足していることが人にも伝わってきます。

それに対し、小人物はいつもイライラしていて、他人にもつらく当たったりすることが多いようです。それは彼らがほんとうに成熟しておらず、自分が持つ能力や価値観に自信がないためにそうなるのです。

「人柄は能力よりもずっと大事だ」とは、よく言われる言葉です。

どんな組織、企業でも素晴らしい心構え、人柄のよい人物は必ず出世していきます。さらに組織での地位が上がれば上がるほど、人柄もよくなっていくように思えます。

しかし、ここで注意したいのは、地位が上がったから人柄がよくなったのではなく、人柄がよいから地位が上がったということです。

つまり、理想の生活目標を達成するためには、それ以前にそれにふさわしい人柄の人間になっていなくてはならないということです。これは人の上に立つ人に必要な一つの〝メカニズム〟です。

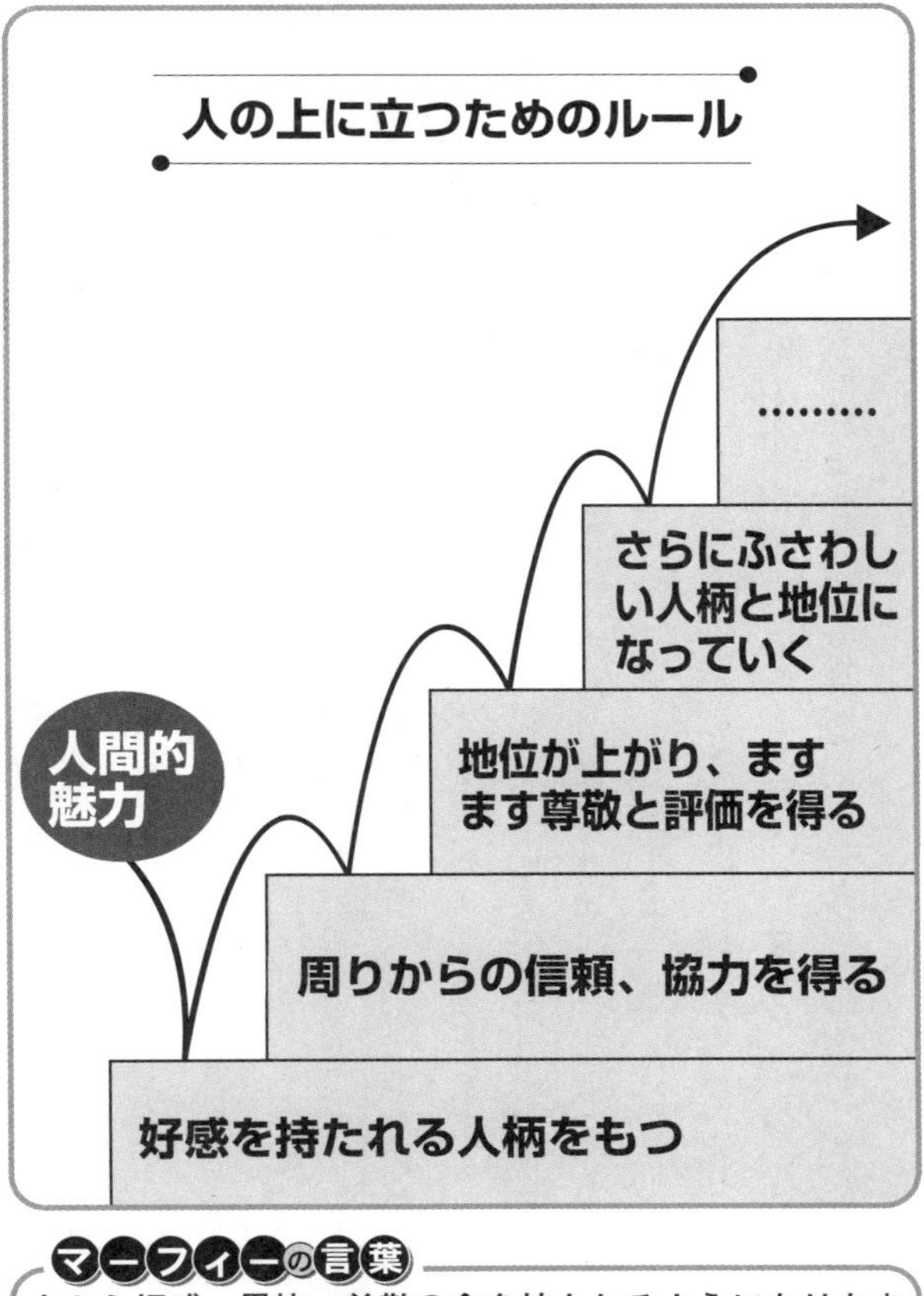
人の上に立つためのルール
人間的魅力
好感を持たれる人柄をもつ
周りからの信頼、協力を得る
地位が上がり、ますます尊敬と評価を得る
さらにふさわしい人柄と地位になっていく
………

マーフィーの言葉

人から好感、畏怖、尊敬の念を持たれるようになりなさい。この三つがリーダーたるものの条件です。

83 他人が自分より幸せそうに見えたときは――

その日、そのときの気持ちの持ちようによって、自分より他の人が幸せに見えたりすることがよくあります。逆のときもあります。でも、この違いは何から来ているのでしょうか。

不幸に感じるときは、「不幸なのは自分だけではない」と思い、周りの人を見るのです。また幸せな気分のときは「みんな幸せそうだけど、私が一番幸せだ」と思うのです。こうしよう、と自分で強く思うことが、あなたの生き方をも変えるのです。

寝たきりの画家の星野富弘さんは、口に絵筆をくわえて絵や文字を書きます。星野さんは大学生のときに鉄棒の事故で、全身マヒになりました。死ぬことも考えたそうですが、あるとき考えを切り替えたのです。「花も生きている、自分も生きよう」と。それ以来、絵筆を口にくわえて、多くの花の絵を描き、人に生きる気力を与えています。

他人がよく見えたり、欠点が気になったときは、このマーフィーの言葉を思い起こすことです。**「欠点を直せる者は、この世にたった一人しかいない。それはあなた自身だ」**

自分が他人より「不幸に感じたとき」「幸せに感じたとき」

不幸を感じる

- なぜ自分だけが → 精神状態が悪くなる
- 自分だけではない → 心が切り替わる

幸福を感じる

- みんなのほうが幸せに見える → 精神状態が悪くなる
- 私が一番幸せなんだ → 心が切り替わる

マーフィーの言葉

肉体にとって食物は大事です。しかし精神への栄養補給はもっと大事です。

84 あなたはすでに充分幸せです

人間は、よくいわれるように十人十色です。にもかかわらず、科学的根拠を何より重視する現代人が、この真実に着目しないのはなぜでしょう。

たとえば、心理学者のクレッチマーは、人間の性格を、①内閉性傾向、②同調性傾向、③粘着性傾向、④自己顕示性傾向、という四つのタイプに分類し論究しました。

しかし、よく考えてみると、同じ人間は一人もいないはずなのに、たった四つのタイプに区分けして、それですべてを説明しようというのは無理があるようです。

もちろん、科学的方法とは、無数の事例からなんらかの共通項を導き出し、そう考えると整理がしやすいという仮説を立てて、その仮説を証明することです。

したがって、この方法論に異を唱えるものではありません。ただし、物事を判断するときは自分の心に従うのが正しいのです。そして科学的に正しいことは、頭の片隅に置いておくというスタンスがいいのではないでしょうか。

あなたは生まれついたときから、あなた自身であり、本来それだけで充分魅力があり、幸福であることを忘れてはいけません。

あなたも今日から「我が道」を行け

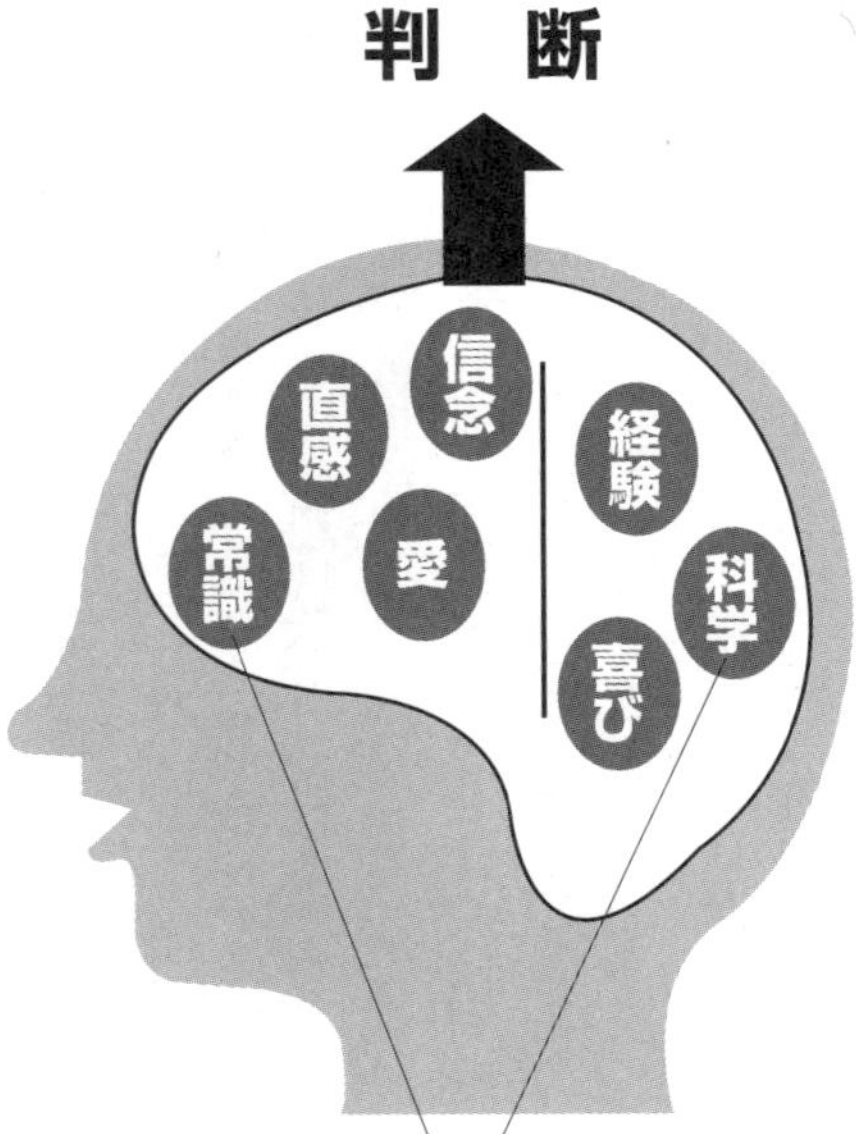

「科学」や「常識」は、物事の一判断材料にすぎない

マーフィーの言葉

あなたは充分幸福で輝やかしい生活を送るためにここに存在しているのです。

85 この「一人三役」を演じることができますか？

あなたは、シナリオづくり・演出・主演という一人三役の人生を毎日のビジネスシーンで演じているのを知っていますか。たとえば、企画を立てる（シナリオづくり）、それを売る（演出）、完成させる（主演）という構成がまさに一人三役といえます。

企画を立てるだけでは、その企画は死んだも同然です。それをあなたがクライアントなりに売り込んで、はじめて企画は生きるのです。姿・形が皆無だったもの（シナリオ）を売る（演出）、それをお金という見えるものに換える（主演）の一連の流れをしっかりつかむことです。自分は一人三役を演じることができ、それがトータルでビジネスシーンで生かせることなのだと自認するのです。

一人三役がビジネスで通用するようになれば、あなたは総合プロデューサーというより、立派な商売人といえます。例を挙げるとロングランの「キャッツ」「レ・ミゼラブル」などを演出している浅利慶太氏などです。なぜなら長年にわたって、多数の観客を感動させ、動員し、膨大な興行収益を上げていることからもわかります。

あなたも一人三役をこなすことは可能です。

この「一人三役」を演じきれるか

**この「三役」をこなして、
成功をつかめ**

マーフィーの言葉

あなたが自分の未来を明確に描き、その実現を確信するとき、自らつくり出した絶好のチャンスを手中にしています。

86 最後の最後は、かならず「自分の声」に従いましょう

勝負の世界で、将棋と囲碁はよく比較されますが、このゲームに共通しているところは、最後の一手まで勝負は予断を許さない、ということです。

プロは一〇〇手でも三〇〇手でも読めるそうですが、時には読み違いがあったり、一手にミスが生じて最後の最後で勝っていた勝負がひっくり返ることがあります。

相撲でいえば〝うっちゃり〟を食う場面です。どちらかというと、将棋は終盤の逆転はなかなか難しいですが、囲碁は最後の一手で半目勝ちなどという大逆転劇はしばしばです。

このように、勝負は最後の最後まであきらめずに闘ってみないと分からないのです。諦めが肝心という人は、これを〝粘る〟と言ったり〝二枚腰〟と呼んで、嫌うようですが、勝負は最後負けるまであきらめない姿勢が大事です。

勝負に限らずビジネスの世界でも同じことが言えます。あきらめてしまったら、その時点で可能性はゼロになってしまいます。とにかく「あきらめないことが肝心」で、勝負でもビジネスの世界でも、最後に逆転ありを信じることです。

「あきらめの悪い人」が最後に勝つ

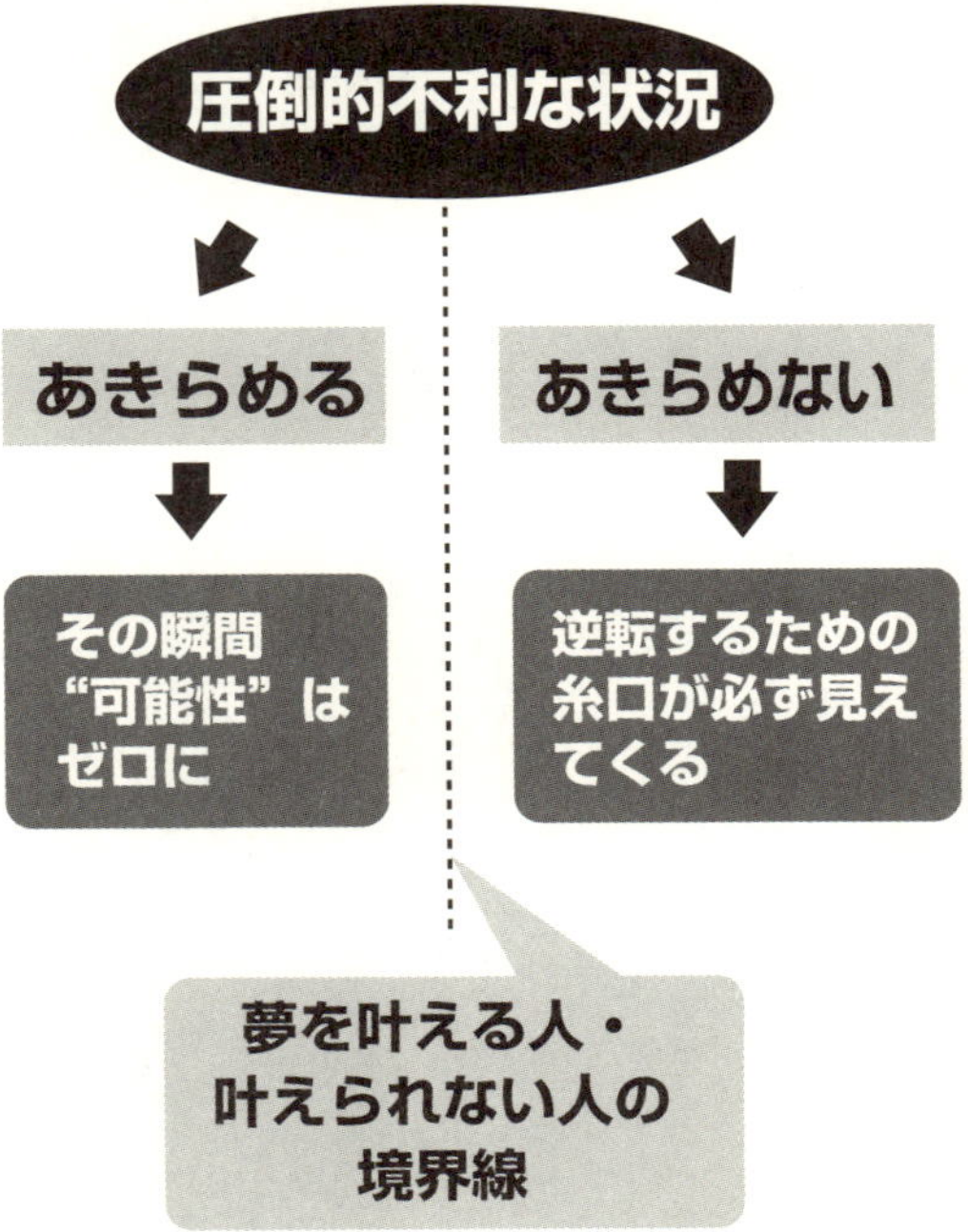

マーフィーの言葉

考えは創造力です。考えが賢明であれば行動も賢明なものになります。

本書は、小社より刊行した『《全図解》マーフィーの「1分間」成功塾』を、王様文庫収録にあたり再編集のうえ、改題したものです。

マーフィー「1分間《ぷんかん》」で夢《ゆめ》を叶《かな》える!

著者　マーフィー"無限の力"研究会（まーふぃー"むげんのちから"けんきゅうかい）
発行者　押鐘太陽
発行所　株式会社三笠書房
〒102-0072 東京都千代田区飯田橋3-3-1
電話　03-5226-5734（営業部）03-5226-5731（編集部）
http://www.mikasashobo.co.jp
印刷　誠宏印刷
製本　宮田製本

　ISBN978-4-8379-6568-8 C0130

王様文庫

王様文庫

Happy《しあわせ》名語録

ひすいこたろう＋よっちゃん

口にする言葉がすべて〝現実〟になるとしたら……? 本書は天才コピーライターが、毎日が「いい気分」でいっぱいになる〝魔法の言葉〟を選び抜いた名言集。読むだけで人生の流れが変わり、「心のモヤモヤ」が晴れていくのをきっと実感できるはずです!

3日で運がよくなる「そうじ力」

舛田光洋

10万人が実践し、効果を上げた「そうじ力」とは――①換気する②捨てる③汚れを取る④整理整頓⑤炒り塩、たったこれだけで、人生にマイナスになるものが取りのぞかれ、いいことが次々起こります! お金がたまる、人間関係が改善される……etc. 人生に幸運を呼びこむ本。

読むだけで運がよくなる77の方法

リチャード・カールソン【著】
浅見帆帆子【訳】

シリーズ累計24カ国で2600万部突破! 365日を〝ラッキー・デー〟に変える77の方法。朝2分でできる開運アクションから、人との「縁」をチャンスに変える言葉まで、「強運な私」に変わる〝奇跡〟を起こす1冊! 『〝こうだといいな〟を現実に変えてしまう本!』(浅見帆帆子)

K30084

王様文庫

手相術
自分の運命が一瞬でわかる

高山東明

なぜ幸せな人ほど、手相をみるのか？　恋愛・仕事・お金・健康・才能…人生がガラリ好転する方法とは？　藤原紀香さん・ヨン様・故ダイアナ妃、松坂大輔選手、宮里藍選手、石川遼選手や各界の大物52万人を占った東明先生の、あなたのためのアドバイス！　この面白さ、詳しさは圧倒的！

話し方を変えると「いいこと」がいっぱい起こる！

植西　聰

見た目、性格よりも、話し方が大事！　言葉は、心の状態、考え方を切り替えるスイッチです。幸せな人は〝幸せになる言葉〟を、美しい人は〝美しくなる言葉〟をつかっているのです。「いい言葉」は、夢のようなビッグな幸運をおもしろいほど引きよせます！

「しぐさ」を見れば心の9割がわかる！

渋谷昌三

言葉、視線、声、手の動き、座り方……ちょっとしたコツがわかれば、相手の心理を見抜くのはとても簡単なこと。人望のある人、仕事のできる人、いい恋をしている人はもう気づいている!?　〝深層心理〟を見抜く方法！

K30177